U0594826

高等教育国际化与创新人才培养研究

方朝华　著

吉林出版集团股份有限公司

图书在版编目（CIP）数据

高等教育国际化与创新人才培养研究 / 方朝华著
. -- 长春：吉林出版集团股份有限公司, 2022.11
ISBN 978-7-5731-2726-6

Ⅰ. ①高… Ⅱ. ①方… Ⅲ. ①高等教育－国际化－研
究－中国②高等教育－人才培养－研究－中国 Ⅳ.
①G649.2

中国版本图书馆 CIP 数据核字(2022)第 249088 号

高等教育国际化与创新人才培养研究
GAODENG JIAOYU GUOJI HUA YU CHUANGXIN RENCAI PEIYANG YANJIU

著　者	方朝华	
出版人	吴　强	
责任编辑	刘东禹	
开　本	710mm×1000mm　1/16	
印　张	8.5	
字　数	140千字	
版　次	2022年11月第1版	
印　次	2023年8月第1次印刷	
出　版	吉林出版集团股份有限公司	
发　行	吉林音像出版社有限责任公司	
	（吉林省长春市南关区福祉大路5788号）	
电　话	0431-81629667	
印　刷	吉林省信诚印刷有限公司	

ISBN 978-7-5731-2726-6　　定　价　55.00元

如发现印装质量问题，影响阅读，请与出版社联系调换。

前　言

1912 年，美籍奥地利经济学家约瑟夫·熊彼特在其著作《经济发展理论》中首次提出"创新"一词的相关概念，并且提出了创新理论。他认为创新属于经济范畴的概念，而不是技术范畴的概念，它不仅指科学技术的发明创造，更是指把已经发明的技术应用到企业中，形成一种新的生产力，进而获取潜在的利润。主要包括以下五种情况：第一种情况是创造出一种情况是创造新的产品；第二种情况是发现一种新的生产方式；第三种情况是开辟新的市场；第四种情况是取得或控制原料以及半制成品的供给来源；第五种情况是实现新的产业组织方式或者企业重组。熊彼特认为，创新是对新产品、新过程的商品化以及性组织结构等进行的搜寻、发现、开发、改善和采用的一系列活动的总称。但是在他最初提出这些理论时，并没有得到大家的重视，直到 20 世纪 30 年代才在学术界引起了轰动。约瑟夫·熊彼特的创新理论是一个相对广义上的创新，包括的创新的内容极其广泛。

20 世纪 90 年代，我国才把"创新"一词引进科技领域，之后才逐渐有了知识创新、科技创新、制度创新等相关内容，并且逐渐渗透到各个领域。清华大学科学技术与社会研究所教授李正风认为，"创新"一词在我国共存在两种理解，一种是从经济学的角度来理解的，另一种是根据日常的含义来理解的。而目前人们所说的创新，大概就是"创造和发现新事物"的意思，这也就是"创新"的日常概念。而从广义上来看，其实人类社会的每一次进步与发展，都是离不开创新的。近年来，我国逐渐开始重视培养创新型人才，同时在这样的形势下，我国高等教育国际化发展也逐渐加快。

随着全球一体化进程的逐渐加深以及知识经济时代的到来，各地区之间的人才争夺之战越来越激烈，西方国家人口出生率较低，导致西方国家的高层次人才比较短缺，教育资源也因此过剩。为了解决这一问题，美国政府不断放宽留学的限制，并且还制定了各种优惠政策，积极吸引其他国家的学生留学。美国优越的教育资源、丰厚的待遇以及优秀的工作环境和科研条件对其他国家学生具有非常大的吸引力，这也是我国大量留学生逐渐成为留外人员的一个重要因素，带来的最直接的结果便是我国的高层次人才不断流失。人才流失的情况使得人才如果在不增加人才成本投入的情况下获得了巨大的外部效应，但是却会对人才输出国造成很大的损失，不仅高层次的人才会得到大量的减少，还会造成教师结构失衡。总之，对于输出国来说，在培养人才过程中付出的巨大投资都将付诸东流，这对国家的发展会造成非常大的影响。

本书共分为七个章节，其中第一章主要对相关概念和理论基础进行阐释和分析，第二章主要对高等教育国际化背景下我国创新人才培养的挑战和机遇进行分析，第三章主要对我国高校创新人才培养现状、地位及作用进行分析，第四章主要对高等教育国际化背景下创新人才的培养和评价进行分析，第五章主要以广西某高等院校为例对高等教育国际化进行具体分析。

虽然几经修改和完善，但是本书难免存在不足之处，恳请各位读者指正，笔者定不胜感激。

作者
2022 年夏

目　录

第一章　相关概念和理论基础分析

第一节　相关概念分析

一、创新的概念

（一）创新的概念

"创新"一词中，"创"有初次（做），开始（做），想、思的意思；"新"有刚出现的和刚经验到的意思，与"旧""老"相对。创新则包括新出现的客观事物和人的思想。在我国的发展历史中，古人对创新早有研究，《周礼》中就有"知者创物，巧者守之，世谓之工"的说法。苏联心理学家捷普洛夫认为，凡是给予新的、独创的、有社会价值的产物的活动，都属于创新。创新的形式是多种多样的，创新主要包括四个层面：第一个层面是发明，即创造出新鲜的事物；第二个层面是发现，即对本来就有但是没有被人发现的一些事物和规律进行发现；第三个层面是创见，也就是提出新的观点、新的方法、新的主张、新的理论、新的学术和新制度等；第四个层面便是创作，创作一般是指产生文学、艺术、科学作品的相关智力活动。

1912 年，美籍奥地利经济学家约瑟夫·熊彼特在其著作《经济发展理论》中首次提出了"创新"一词的相关概念，还提出了创新理论。他认为创新应当是经济范畴的概念，而不是技术范畴的概念，它不仅是科学技术的发明创造，更是把已经发明的技术应用到企业中，进而形成一种新的生产力，获取潜在的利润。他认为创新主要包括以下五种情况：第一种情况是创造出一种新的产品；第二种情况是发现一种新的生产方式；第三种情况是开辟新的市场；第四种情况是取得或控制原料以及半制成品的供给来源；第五种情况是实现新的产业组织方式或者企业重组。熊彼特认为，创新是对新产品、新过程的商品化以及组织结构等进行的搜寻、发现、开发、改善和采用的一系列活动的总称。但是在他最初提出这些理论时，并没有引起人们的重视，直到20世纪30年代其理论才在学术界引起了轰动。熊彼特的创新理论是一个相对广义上的创新，其包含的创新的内容极其广泛。

20世纪90年代，我国才把"创新"一词引进了科技领域，之后才逐渐有了知识创新、科技创新、制度创新等相关内容，创新逐渐渗透到各个领域。清华大学科学技术与社会研究所教授认为，"创新"一词在我国存在两种理解，一种是从经济学的角度来理解的，另一种是根据日常的含义来理解的。而目前人们所说的创新，大概就是"创造和发现新事物"的意思，这也就是"创新"的日常概念。从广义上来看，其实人类社会的每一次进步与发展，都是离不开创新的。

（二）创新与创造

从词源来看，创造和创新不仅在词汇组合上有所不同，而且基本的含义也是不相同的。创新的英文是"innovation"，创造的英文是"creation"。在拉丁文中，"creation"的意思是"种植"和"生长"，代表一个事物从无到有；而"innovation"则代表"更新"，表示对原有的东西和事物进行更新改造。由此可见，创新和创造具有本质上的差别，创造代表着从无到有的过程，创新则代表着对现有事物的更新。这两个概念都可以带给人们全新的事物，但是创新是推陈出新，而创造则是将没有的东西创造出来，是在没有的基础上发生的，这便是创新和创造最基本的区别。

从应用的范围来看，创造和创新也有很大的差别。创造主要体现在理论、思想以及世界万物的原创性方面；创新则更多地体现在技术、制度等比较具体的事物方面。例如，社会生产被创造出来之后，人类社会就是在不断生产、不断创新的过程中推动生产发展的。

从基本的含义来看，创造体现的是本体论和基本理论思维层面的原创性，而创新则体现的是认识论和方法论层面的变革，而且创新是在一定的时空以及其他特殊条件的作用下发生的，具有一定的时代特征。

从思维科学的角度来看，创造可以体现出逻辑过程中的终端和非连续性，而创新却具有继承和发展的特点。由此可见，在逻辑过程中，创造和创新分别具有非连续性和连续性的特点。创造需要基于客体的一个起点，让事物实现从无到有的过程。这一事物在发展的过程中会经过不断的修改、补充、完善，尽可能让这一事物完美地呈现出来，这便是创新。

我国《辞海》中对"创造"一词的解释是，创造是指首创前所未有的事情，表示从无到有。《韦昭》中注解："创，造也。为天子创造制度。"由此可知，创造表示的是一个从无到有的过程，所以区分创造和创新最好的方式便是，"新"是建立在"有"的基础上，还是建立在"无"的基础上。在基础科学领域中，这种概念其实是一种比较泛化和多元化的概念，因为这种概念存在利弊两方面的情况。从利的角度来看，这种概念的多元化是有利于社会各阶层、各群体的，它可以促进社会生活中各阶层的人参与创新行为；从不利的角度来看，这种概念导致创新没有统一的标准，最终的创新很可能只是在喊口号。

目前，学术界、政府机构、研究机构等不同主体对"创新"提出了很多不同的解释。大家普遍认同的是这样的定义："创新应该是指创造、传播和应用知识，并且获取新的经济社会效益的过程，其核心是知识创新，知识创新中包括科学、技术创新和其创造性的应用，同时涉及制度、管理、文化创新等诸多要素。"

（三）创新人才

1. 创新人才的含义

由创新可知，创新人才就是指在科学技术创新和创造性应用等方面做出了贡献，以及在管理和文化创新等领域做出贡献的人才。第一，创新人才应当具有高尚的人生理想，热爱祖国，热爱人民，热爱科技事业，德才兼备；第二，创新人才应当有追求真理的志向和勇气，解放思想，实事求是，与时俱进；第三，创新人才应当有严谨的科学思维能力，掌握辩证唯物主义的思维方法，善于运用科学方法和科学手段进行研究；第四，创新人才应当具有扎实的专业基础、广阔的国际视野，可以准确地把握科技发展的创新方向；第五，创新人才应当具有强烈的团结协作精神；第六，创新人才需要具有踏实认真的工作作风，淡泊名利，志存高远，不畏艰难，勇攀高峰。以上六点便是当代创新人才前进的方向和目标，也是高等教育培养人才的重要方向。

2. 创新人才的标准

创新人才是一种与一般人才相对应的人才，创新人才就是具有创新意识、创新精神、创新能力并且可以取得创新成果的人才；一般人才则具有创新意识、创新能力、创新精神不强的特征，习惯按照常规的方法处理问题，无法做到创新。创新型人才与理论型人才、应用型人才和技能型人才都是相互联系的，他们虽然是按照不同的标准进行分类和划分的，但是每一种人才都可以在自己的领域做到创新发展，而且每一个方向的人才都应当做到创新发展。但是我国的人才理念方面具有一定的局限性，这种局限性的存在导致人们对创新型人才的理解产生偏差和误解，如有的高校在培养人才的过程中，习惯将不同学科的人才对立起来、将动手能力和理论知识对立起来；有的高校在培养创新型人才的过程中，会选择开设"创造学"相关的课程教学，试图让学生掌握一些创新创造的方法，以此来提升学生的创新创造能力，这种培养创新型人才的方式严重脱离了创新素质的培养，是不科学、不全面的，因此无法培养出真正具备创新能力的人才。

3. 创新人才的特征

创新人才应当具备以下特征。

创新人才应当具备的第一个特征就是创新的思维方法。创新人才应当掌握辩证唯物主义的世界观和方法论，以科学的思维方法来指导自己的行动。创造人才的思维方法会对人才进行引导，帮助人才推陈出新、不断探索，让他们养成敢于冒险的精神和态度。创新人才还应当敢想敢做，想以前的人没有想过的问题，做以前的人没有做过的事，走以前的人没有走过的路。创新人才还应当具有强烈的竞争意识，竞争意识是激励他们不断进行创造创新的动力，会让他们时刻保持逻辑思维。

创新人才应当具备的第二个特征是求实的科学精神。科学的本质是就是不断对自然界的客观规律进行探索，科学的世界无法容忍虚伪和骄傲，所以要求创新人才应当在工作的过程中一丝不苟、脚踏实地，认真工作，一步一个脚印探索科学的真谛，孜孜不倦地发现真理。

创新人才应当具备的第三个特征是持之以恒的精神和勤奋的态度。创新最重要的便在于超越，只有不断超越别人，始终站在领先的位置，才能取得成功、有所发现。人的生命是有限的，要想取得成功、有所发现、有所创造，就必须以勤奋的态度不断追求创新发展。

创新人才应当具备的第四个特征是广泛的知识结构。当代科学技术急剧分化，已经细分出了越来越多的产业分支，再加上技术的不断进步和发展，各行各业对人才的要求也越来越高，所以创新人才不仅要对自己所学的专业有充分的了解，还需要对相邻的学科、交叉学科都有充分的认识。一般来说，创新创造活动是需要人才凭借自身丰富的知识储备进行的，虽然知识储备越丰富并不代表人才就可以进行更高层次和更多的创新创造，但是如果人才掌握的知识越丰富、知识面越广阔，那么他们在创新创造的过程中可以使用的基本元素就会越多，创新创造的动力就会越足。

创新人才应当具备的第五个特征就是合作能力。随着科学技术的不断发展，各个领域涉及的知识面越来越广，仅仅依靠一个人的力量就想不断进行创新发展在当今时代是很难做到的，人们只有具备创新合作的精神，尊重科学、尊重他人，才能够在当今社会不断取得进步。随着信息技术和网络技术的发展，人与人之间的联系更加密切，新时代的创造和创新需要人才具有善于合作的能力和意识。

创新人才的基础是全面发展，创新意识、创新精神、创新思维和创新能力都不是凭空产生的，更不是独立发展的，需要人才的各项素质之间共同联系、相互发展，因此，只有在全面发展的基础上，帮助人才培养创新意识、创新精神、创新思维和创新能力，才能真正促进人才的全面发展。另外，为了提升人才的创新能力，还需要帮助人才发展自身的个性，个性是人才发展的重要前提，所以高校在培养人才的过程中，一定要首先培养具有创造能力的创新人才，培养个体独立的特征，促进个体的个性化发展。虽然个性自由并不能够直接帮助人才提升自身的创造性，但是如果没有个性的自由发展，创新人才就无法诞生。无论是创新还是创新人才都会随着时代的变化发生改变，所以不同时代的人对创新和创新人才的理解是存在一定偏差的。当代社会的创新型人才，应当是立足于当前社会并且又面向未来的，所以创新人才不仅应当拥有专业知识素养，还应当具备高度发达的智力、独特的个性、创新精神、创新意识以及无私奉献的精神。

4. 创新教育

综上可知，培养创新人才的教育便是创新教育，创新教育的内容主要包括以下几个方面。首先是创新意识的培养，创新意识是培养创新人才的基础，只有让学生拥有创新意识，激发学生的创新欲望，刺激学生的创新动机，才有可能促进学生进一步开展创新活动。其次是创新精神的培养，创新精神是进行创新的动力，当学生拥有创新精神之后，学生就具备敢于创新的态度，这也会成为学生进行创新的精神支持。再次是创新能力的培养，创新能力是创新人才需要具备的核心能力，只有人才具备创新能力，才能将创新思维、创新精神转化为实际的创新成果。最后是创新人格的培养，创新人格的培养是保证创新活动取得成功的重要保证，只有学生善于创新，拥有创新人格，才能保证创新活动的正常开展。

（四）智力、非智力因素与科技创新

1. 智力因素与科技创新

智力因素通常包括记忆力、观察力、思维能力、想象力等。智力因素是人们在对事物认知的过程中表现出来的一些能力，也是认识活动的动力系统。智力因素对创新活动具有非常大的影响，具体内容如下。

（1）记忆力对创新活动的影响

记忆力是指在经历过一些事情之后，人们依然能够记住这些事情，并且当这

些事情再次出现的时候，人们能对这一事物保持清楚的认识。记忆力是指识记、保持、再认识和重现客观事物所反映的内容和经验的能力，记忆力是进行创新的基础，个体只有通过记忆力来帮助大脑储存大量的知识，才能为创新活动奠定基础，可见，记忆力是开展创新活动的基本支持条件。创新人才在进行记忆时并不会死记硬背，而是会在记忆的同时进行联想和思考，逐渐构建出条理化和体系化的记忆内容体系，便于大脑进行检索和记忆。

（2）观察力对创新活动的影响

观察其实也是一种心理活动，主要是指大脑对外界事物的洞察。观察力较为突出的个体能够准确地辨别出事物和理论的基本信息，善于发现别人无法发现的细节，这也是开展创新活动必须具备的一个条件。创新人才只有具备比较敏锐的观察力，才能在创新活动中发现各种各样的问题，不断解决问题，捕捉创新点；相反，缺乏观察能力的人，只能观察到事物的表面现象，无法对事物的内在规律进行深入挖掘，所以很容易忽略掉一些细节，进而失去创新的最好时机。

（3）思维能力对创新活动的影响

思维能力是人们分析、综合、概括、比较等各项能力的总称，通过对感性事物进行加工，最终转化为理性的认识，并且解决一些实际的问题。思维方式会对创新活动产生非常直接的影响，所以在创新和创造的过程中，思维方式起着非常重要的作用。创新过程需要思维能力的支持，创新思维是创新人才必须具备的创新动态思维。个体在进行创新创造时，需要根据客观需要，利用现有的知识不断进行探索，不断发现新事物、相关点、新理论、新事物，然后在特定的领域取得实质性的进展。创新性思维一般是由发散思维、聚合思维、单一思维、多样化思维、纵向思维、横向思维共同组成的。创新思维的各种构成思维相互补充配合，共同对个体进行指导和引导，最终促进个体的创新。随着科学技术的不断进步和发展，人类的认知也得到升华，创新思维已经发展得越来越成熟，甚至被提升到了思维状态的最高境界。创新思维对于创新实践以及创新人才培养都有着非常重要的意义。

（4）想象力对创新活动的影响

想象力是在感知力的基础上形成的，是需要经过一定的配合，进而创造出新形象的一种能力。因为创新本身就是建立在旧事物基础之上的，是在旧事物的基础上产生新事物的过程，而想象力在这一过程中发挥着非常重要的作用，能够帮助创新人才对现有事物进行清晰的认知，还能在此基础上，利用一定的理论进行加工，进而创造出新颖的事物和理论。也正是因为想象力的存在，人类才能够不断进行创造和发明，不断发现新事物和新定理。我国的科学家和工程师，正是凭借自己的想象力才能在工作过程中不断创新和进取。

（5）操作能力对创新活动的影响

记忆力、操作力、思维能力以及想象力均属于认识层面的智力因素，而操作能力虽然属于智力因素，但是却属于运动层面的智力因素，因为从实际情况来讲，没有操作能力的支持，其他能力也将成为摆设，无法走出大脑，转化为实际的物质力量。创新人才只有通过记忆力、观察力、思维能力等多种能力的结合，最终通过操作能力体现出来，才能真正将智力因素转化为实际的劳动成果，由此可见，操作能力也是创新实践的一项重要要求。

2. 非智力因素与科技创新

"非智力因素"这一概念由美国心理学家于 1935 年在《智力：具体与抽象》一书中首次提出。广义上的非智力因素包括除智力因素以外的一切因素，包括生理、心理、道德品质、外部环境等因素；而狭义上的非智力因素则包括动机、情感、兴趣、意志、性格五种因素。本书论述的非智力因素为狭义的非智力因素。

（1）动机因素对创新活动的影响

动机因素主要是指激励人行动进而达到一定目的的内在动因，创新人才在进行创新活动的过程中，难免会受到一些特定因素的督促而不断努力。在创新人才进行创新的过程中，激励创新人员进行创新的动机可以分为总体动机和个体动机两类。其中，总体动机就是通过创新活动以期为世界、国家或者集体带来利益；个体动机就是指创新活动可以为创新个体带来利益，帮助个体自我实现、自我满足。在创新活动中，动机因素的体现主要是指好奇心、探索欲望等内容。一般来说，动机越强烈，创新主体在创新活动中取得创新成果的可能性就越大。

（2）兴趣因素对创新活动的影响

兴趣是指人对事物喜好或者关注的情感，是积极研究、探索某一事物的倾向，是一种积极探索向往事物的心理。当创新人才对某一内容产生特别浓厚的兴趣时，就会积极对这一事物的本源进行探索，激发自身更加持久和稳定的热情，想象力也会因此变得更加丰富，进而对这一内容进行更加深入的研究。创新人才只有对所从事领域具有比较浓厚的兴趣，才会在研究和工作的过程中投入更多的时间和精力，积极克服在研究过程中遇到的种种困难。与此同时，作为创新人员，还应当具有比较广泛的兴趣，对不同领域都有所涉猎，进而更好地利用其他领域的思维和方法对自己从事的研究领域进行充分的启迪与帮助。

（3）意志因素对创新活动的影响

意志是指人在有意识、有目的、有计划的前提下，对自身的心理和行为进行调节与支配。意志主要包括感性意志和理性意志两种，意志是个体克服困难必须具备的品质。个体在进行创新的过程中，会遇到各种各样的困难，有些困难需要个体经过长时间的努力才能克服，这就需要创新人员具备比较顽强的意志，只有这样才能克服这些困难和阻碍，保证创新活动正常有序地开展。

（4）情感因素对创新活动的影响

情感因素是指人们对事物的喜好或者厌恶的态度，可以充分反映出个体对客观事物的主观感受。一般来讲，情感主要分为积极情感和消极情感两种。个体在进行创新的过程中并不是一帆风顺的，会遇到各种各样的困难和阻碍，这些困难和阻碍的出现会在一定程度上降低个体对创新活动的偏好，这时候创新活动的积极情感就会发挥作用，以使困难和阻碍对个体的情感所带来的消极影响尽可能降到最低。这样一来，创新活动的创新效率会因此得到提升，创新活动得到进一步的升级。创新活动中的积极情感主要包括爱国主义、责任感、使命感等内容。

（5）性格因素对创新活动的影响

性格因素是一种比较稳定的、具有核心意义的个性心理特征，主要是指体现在人对现实的态度和相应的行为方式中的比较稳定的、具有核心意义的个性心理特征，是一种与社会相关最密切的人格特征，从某种情况来说，一个人的性格可以决定他对事物的态度。

总之，优秀的创新型人才要具备优秀的性格品质，才能在创新活动中表现出比较好的能力和较高的素养。优秀的品质主要包括探索精神，拥有探索精神的人勇于打破常规，大胆进行猜测和假设；胸襟开阔，胸襟开阔的人可以在创新活动中积极认真听取别人的意见，有利于创新活动的开展；还有勤奋、自信等多种优秀的品质，都是创新人才应该具备的。

（五）社会环境因素与科技创新

社会环境也会对创新活动产生一定的影响，创新人才的培养以及创新活动的开展都是在特定的环境中进行的，可见，环境对创新相关工作的意义重大。环境主要包括硬环境和软环境两种。硬环境就是指基础设备、科研设施、师资队伍、科研经费等内容；软环境就是指思想层面的内容，如教学观念、科研氛围等。

1. 硬环境对创新活动的影响

一是从硬环境中的基础设施来看，实验室环境、数据库等基础设施都是进行创新活动的必要条件，只有加强基础设施的建设，为创新人才培养和创新活动提供良好的基础设施，才能保证创新活动的进一步开展。因此，在开展创新活动的过程中，可以通过加大资金投入的方式，为创新活动购买比较先进的实验仪器和实验设备，为创新活动的开展和创新人才的培养提供良好的环境，充分发挥基础设施的作用，最终提升人才的培养效果和创新活动的开展效果。二是从学科建设来看，在统筹规划的基础上，围绕有利于高层次人才的培养与发展来开展学科建设，可以对学科布局和学科结构进行有效优化，进而保证学科建设与社会经济的发展相契合，对不契合的学科进行大胆和果断的调整，以期培养出一批高水平的学科带头人，把重点学科做强做大。此外，高校还可以利用创新激励机制对创新人才进行鼓励和培养，通过设立奖学金等方式激励高水平人才积极进行创新。随着国家对创新的重视程度越来越高，我国从事创新活动的机构逐渐增加，这些机构在实力方面仍然有着很大的进步空间。为了进一步提升这些创新机构的能力，各个机构应当不断促进创新活动的开展，通过利用计算机技术等新型技术保证各种相关资源的开放，最终实现资源共享。

2. 软环境对创新活动的影响

一是教育理念，教育理念是软环境的构成之一，当前我国创新人才培养发展缓慢，为了改变这一现状，我国高校在培养人才和开展高等教育教学的过程中一定要注重素质教育，将理论教学与实践教学进行有效的结合，进而让学生的综合能力得到有效的提升，创新能力也得到有效的锻炼。二是学术氛围，学术氛围对高校的整体教学效果和学生思维养成都有重要的引导和影响作用。积极向上的学术氛围能够对学生的创新行为起到潜移默化的引导作用，有效促进创新活动的开展。

（六）科技知识与科技创新

科技创新是没有捷径可走的，个体只有积累充足的科技知识，对科技知识进行归纳、整理和总结，才能不断得到一些新的理论和知识点，这就是创新的过程。可见，科技知识对创新也有着重要的影响，两者之间有着非常密切的联系。

1. 科技知识数量

科技知识的数量与科技创新之间的关系一直都是心理学领域试图解决的一个问题。知识与创新之间存在一种关系，即后者超越前者，前者是后者的基本要素。在任何一个领域进行创新，都需要创新者对该领域的知识有充分的了解。因此，具备大量科技知识储备，是可以对创新活动产生一定促进作用的。

2. 科技知识类别

1996 年，美国几位教授对人类的科技知识进行了描述和总结，共分为描述性、规范性、实践性和形式性四个领域，并且对不同领域的知识类型进行了界定。其中，描述性知识是表达事物的性质和问题的知识；规范性知识是对事物的性质和问题进行判断，然后表现其价值的知识；实践性知识是运用有效的实践活动对事物的性质和问题进行联系的知识；形式性知识是指人们认知的全部知识的表达形式等。这四类知识并非完全独立，一般都会对创新活动的各个层面起到一定的作用。

知识构成，又叫"知识组合"，是指个体将自身的知识储备进行排列组合，将知识的互通性和结构性按照一定规律进行组合排列。合理的知识结构是进行创新活动的必要条件，合理的知识结构就是要求创新人才不仅要精通一门专业知识，还需要有比较广博的知识面。一个优秀的人才，脑袋里装的不应当仅仅是自己研究领域内的知识，还应当博采众长，在对某一领域有较深造诣的基础上还能涉猎其他领域，只有这样的人才才能更加有效地促进创新活动的开展。

（七）创新人才培养模式

模式就是事物的标准样式，事物从生产、生活中提炼出来，而形成的一种解决问题的方法论。将解决某种问题的方式总结为某种具体的理论，便成为具体的模式。创新人才培养模式，顾名思义，就是培养创新人才的方法论，即在一定教育理念的引导下，通过人才培养目标、人才培养方式、课程设置和评价体系等多个环节共同组成的一个比较完整的教育体系。只有保证各环节要素的相互优化，最终形成完善的人才培养模式，才能使得创新人才培养发挥出良好的效果。教学理念是创新人才培养的核心与灵魂，是人们对人才培养模式及其发展规律的根本观点，可以对后续的教育行为进行引导；是高等教育教学的指导思想，可以有效地提升高等教育教学质量。更新教育理念可以不断促进高校教育改革，为高校的人才培养和教育活动指明方向。高等教育作为社会的产物，必须接受社会政治、经济和文化制约，并为其服务。当前高校的目标便是为社会和祖国培养出更多优秀的创新型人才，只有按根据目标制定的计划和方案培养人才，才能最终完成相应的人才培养目标。其中，培养方式是根据人才培养目标制定的比较具体的培养方案，是对人才培养过程比较详细的描述，充分体现出了人才培养的全面性；课程设置是对全体学生学习的基本要求，充分体现并阐述了课程的性质和教学内容等；考核评价则是运用科学的考核评价标准和方法对人才进行培养和考核，及时发现问题，并且针对问题提出整改措施，最终完成人才培养目标。

二、国际化的概念

维基百科对国际化的解释是："事物（机构、理念）可以借此影响多个民族的过程，有时与'全球化'一词交替使用描述联系日益紧密的世界经济与文化。"但是目前学术界对于国际化的概念，仍然是仁者见仁、智者见智，尚没有达成共识。有学者认为，国际化是世界历史演进中的普遍现象，是指由地区到全球、由相互隔绝到相互交流融合且日益走向世界的发展过程。有学者认为，国际化的概念有广义和狭义的区分，广义上的国际化是指与外国接触、相互影响，其包含的范围和内容非常广泛，包括文化传播等多种形式；狭义上的国际化是指世界作为一个命运共同体相互连接起来，会随着时代的变化而不断发展。有学者认为，国际化是一种通过社会渗透，超越国家的界限，形成的多样性联系，这种多样性构成了当代国际秩序。国际化强调国家、地区甚至是世界的竞争性以及生产要素的自由流通。可见，国际化是一个过程，这个过程使得世界某一地区发生的事件、决议以及活动都会对其他个体或者团体产生深刻影响。

（一）高等教育的国际化

从教育国际化来看，在对"教育国际化"这一概念进行阐述时，从不同的角度出发，研究者对这一概念有着不同的认知。国际教育发展委员会前主席就曾经指出，国际化的根本任务应该是教育个性的传播以及个性经验的交流。在此基础上，我国的学者也对教育国际化作出了解释。《教育大辞典·教育学卷》中将"教育国际化"定义为："第二次世界大战后出现的国际间相互交流、协作，以解决教育共同问题的一种发展趋势。"教育国际化以国际组织的出现和发展、国际化合作的加强以及各国教育由封闭转变为开放为主要特点。对以上内容进行综合，本书特对"教育国际化"做出以下定义："在全球化发展的大趋势下，教育通过在不同国家之间的流动而实现教育资源的跨国配置，进而导致各国教育之间呈现出了竞争、依赖以及合作的动态发展局面，在人才培养、教育内容以及教育方式和方法等方面实现了国际化和本土化共同发展的新形势。"

从高等教育国际化来看，学者认为，在经济全球化发展的过程中，各国的教育资源得到了有效的交流，与此同时，各国的教育市场被迫向全球开放。高等教育国际化应当包括以下几点内容：加强不同国家之间高等教育的交流和发展，促进各个国家以比较积极的态度开放自己的国内市场，利用国际市场对本国的高等教育进行高效的发展；在高等教育内容和教育方法上，不同国家之间的高校也应当相互进行交流，确定适合本国高等教育发展的路径，最终培养出具有国际意识和国际交往能力的复合型人才。

针对界定高等教育国际化的角度和方法，有学者提出了以下四种分类方法。

第一种方法就是能力界定法。能力界定法，就是从能力的角度来进行界定，通过对教师、学生以及其他人员掌握的技能、知识等来进行国际化的界定，这种方式的侧重点在于关注主体是人而不是学术或者其他方面。

第二种界定方法是活动界定法。活动界定法，就是通过各种各样的具体活动来定义高等教育国际化，具体的活动包括课程的变革、人员的国际交流以及技术援助等内容。

第三种界定方式是精神气质界定法。这种界定方式比较注重跨文化和国际维度的相关观点、首创性的大学精神以及在国际化发展中形成的国际文化氛围和精神气质。

第四种界定方式是过程界定法。该方法主要是指将国际化发展看成将国际化的观念整合到高校中的一种方式和过程，融合、注入、渗透等词语都是用来描述这种方法的。

这四种方式的界定角度各不相同，但是可以相互补充，对于高等教育国际化研究具有重要的意义。

（二）高等教育国际化的发展概况

1. 早期的高等教育国际化

早期的高等教育国际化最早可以追溯到古希腊时期，古希腊时期的学制改革、教材改革等都是高等教育国际化发展进程中的重要内容。所以部分学者认为，中世纪的大学就已经具备了国际性的特征。苏联一贯重视教师在职进修，为青年教师开展了"给每个教师以高等政治教育"的运动，改革又提出了使全体教师都具有高等教育水平的要求。总之，高等教育的国际化在互联网基础上得到了一定的促进和发展，国际交流活动也得到了丰富。

2. 近代的高等教育国际化

在第一次世界科技革命以及第二次科技革命爆发之后，科学技术得到了迅速的发展和传播，世界各国纷纷对德国和英国的大学教育模式进行效仿，由此掀起了高等教育国际化的高潮。在文艺复兴运动之后，教育国际化的发展浪潮迭起。在这一阶段，苏联对世界发达国家的教育进行了充分的研究。与此同时，中国和日本等国家也深深受到了德国高等教育的影响，多次派遣留学生前往德国进行学习和交流，借鉴德国先进的办学经验。

3. 现代的高等教育国际化

在第二次世界大战之后，世界各国之间的政治、经济、文化交流越来越频繁，美国不断发展本国高等教育，并且还于1956年设立了奖学金计划，鼓励外国的学生和学者到美国学习和从事科研活动。1949年，美国还颁布了《史密斯—蒙特法》，法案中强调，为了促进世界对美国的了解、推动全人类之间的相互了解，应当建立各国开展合作的教育和教育交流项目的相关法案。在1945年之后，日本投身于经济建设，其经济地位得到了很大的提高，积极提出了"高等教育国际化发展"的口号，这对于加强国际交流、加快国际型人才培养具有非常重要的推动作用，也为日本参与日益激烈的国际竞争提供了充足的保障。20世纪90年代之后，经济全球化进程不断推进，世界各国对国际化人才的需求越来越大，各国都试图通过国际交流与合作来培养高质量的人才，世界范围内掀起了高等教育国际化的发展浪潮。

（三）高等教育国际化发展的特征

早期的高等教育国际化发展的特征主要有三点：第一个特征是教师和学生的跨国流动基本属于自发性的个人行为，所以这一阶段的高等教育国际化发展基本都是出于个人对知识以及学问的喜爱，目的基本是追求学问和传播知识；第二个特征是培养和学习的内容存在局限性，虽然早期的高等教育教学内容已经包括了哲学、医学和神学等多种内容，但是教学内容依然非常有局限性，无法满足不同学生对高等教育的需求；第三个特征是教育交流的范围比较有限，无论是学生还是学者，大多都是来自欧洲国家，其他国家的学生和学者数量非常少。

近期的高等教育国际化主要有两个特征：第一个特征便是，留学生的来源越来越多元化；第二个特征便是，教学内容越来越全面。

（四）高等教育国际化发展的趋势

随着时代的不断发展，全球化发展的趋势不断加强，世界各国之间的交流与合作越来越密切。为了适应高等教育国际化的发展现状、提升创新人才的能力，高等教育国际化发展应顺应以下趋势。

1. 加强行政人员的培训

加强对行政人员的培训，提高高校领导干部的政治水平以及业务水平，对于促进教育事业的发展和教学质量的提升具有重要意义，可以促进我国高等院校教学质量的提高，推动高等教育的国际化发展进程。

2. 加强教师的在职进修

加强教师的在职进修，有利于提高高校高等教育的教学质量，推动高等教育的国际化发展。加强教师的在职进修，保证教师可以不断提升自身的能力，进而在教学过程中充分发挥自身的实力。随着互联网技术的不断更新，高等教育的国际化进程逐渐深入，不论是教师还是学生，都可以运用互联网技术进行虚拟学习。虚拟课堂形式的出现，打破了传统课堂的时空限制，满足了越来越多的学习者的个性化需求，可以促进教师和学生不断提升。

3. 高等教育竞争逐渐加剧

高等教育国际化的不断发展，从侧面带动了教师行业的发展，教师的工资水平得到了一定的提升。通过制定措施，不仅可以稳定现有的教师队伍，还可以吸引越来越多的优质人才资源投身教师行业。在此形势下，教师之间的竞争也会越来越激烈。传统的教育观念已经无法适应当今时代的发展，新颖的教育思想才是符合高等教育国际化发展的内容。可见，不仅是教师行业，整个高等教育行业间的竞争都会越来越激烈。高等教育竞争逐渐加剧已经成为高等教育国际化发展的必然趋势。

第二节　相关理论基础

一、全面发展理论

全面发展理论是马克思理论体系中的重要组成部分，我国早在 20 世纪 50 年代就有学者对这一理论进行了相关研究，但是由于客观条件的限制，该研究仅停留在较浅的层次。到了 20 世纪 80 年代，全面发展理论成为了经济发展与社会进步中具有指导意义的一项研究成果，各种与这一理论相关的学术论文与专著陆续出现，标志着这一理论研究热潮的到来。各种学术论文与专著从多个角度对全面发展理论进行研究，有的对人的全面发展理论的形成过程进行探讨，有的对其内涵与实现条件进行研究，还有的则立足现在的社会发展现状来研究这一理论的学术价值。《人的全面发展研究》一书对这一理论的内在含义与具体内容进行了论述，而后又着重探讨了人的全面发展理论的必然性与局限性，指出人的全面发展所包含的四个方面，分别为基于需要的发展、基于社会关系的发展、基于能力的发展与基于个性的发展。这四个方面所具有的共性为发展的自主性、完整性、丰富性以及方向性，这些特点也是人的全面发展追求的实质内容。学者在《论马克思人的全面发展理论》一文中对人全面发展的实现条件进行了探讨。在他看来，人的全面发展实现的根本条件为社会生产力的不断提升，而当前的社会生产力还不能完全支持人的全面发展。社会生产力的不断提升不仅能够有效地促进人们各种生产活动与生活活动等的高效便利，而且对人们能力的发展也有着重要影响，尤其在丰富人们的社会关系与促进个性发展方面有着重要作用。除此之外，社会制度、经济制度、法律制度以及教育体制等也会对人的全面发展产生极大影响，比如合理的法律制度不仅能够保障社会关系的合法性与稳定性，而且决定着各个社会阶层的地位是否平等。有学者在《马克思关于人的全面发展理论研究》一文中主要从理想层面与现实层面对人的全面发展进行了价值探讨，他指出这项理论在理想层面可以为未来的社会设定发展的理想目标，而在现实层面则可以为当前社会提供科学的方法论指导。还有学者在《论马克思人的全面发展思想》一文中对人的全面发展这一理论的形成过程进行了研究，指出这一理论的形成传承了古希腊时期、文艺复兴与启蒙运动时期的多种精华思想，而且马克思在提出这一理论时摆脱了欧洲近代思想发展的历史局限性。马克思人的全面发展理论并不是一次成形的，而是在多种思想积累中逐渐形成的，最终在《资本论》中得到系统的论述。

二、多元智能理论

（一）智能的含义

在多元智能理论中，"智能"被定义为一种解决问题并开拓创新的能力，其含义包括以下内容。第一，每个人都拥有独特的智能结构。根据多元智能理论的研究，人的智能结构是由八种相对独立的智能组成的，每一种智能对应一种能力。每个人拥有的智能能力是不同的，比如有的人的某种智能能力具有较高水平，有的人则在另外几种智能能力方面具有优势。除了单个智能的差异外，智能组合也是千变万化的，如有的人单个智能水平并不高，但是在组合后却表现出良好效果；有的人单个智能水平较高，可在组合后却相形见绌。第二，智能并不是一成不变的，而是会在多种影响因素下发生变化。想要挖掘一个人的潜能，需要找到激发潜能的影响因素，一般看来，教育因素的作用最为明显。高等教育中的教育因素包含多项内容，比如学习环境、课程安排、师生关系、校园文化等，要想充分发挥教育因素的作用，则要采取积极措施对包含内容进行优化。第三，在研究智能发展时不能拘泥于一种视角，比如传统智力理论重点强调语言智力和数理逻辑智力，而忽视了其他智能，从而对智能开发产生了不良影响。智能是由多种智力元素组成的，因而需要从多个角度进行开发。

（二）智能的结构

多元智能理论认为智能分为八种，分别是语言智能、逻辑数理智能、视觉空间智能、身体动觉智能、音乐智能、自知智能、人际交往智能、认知自然智能。语言智能是指语言表达中进行遣词造句、逻辑安排、语气运用等方面的能力；逻辑数理智能指的是逻辑推理、逻辑分析、数学演算等能力；视觉空间智能指的是大脑构型能力，能力越强，构型越精密，操作性越强；身体动觉智能是指操控身体完成某个动作或者生产某项产品的能力，比如体操运动员具有较高的身体动觉智能；音乐智能指的是感受音乐、鉴赏音乐、创作音乐等能力；自知智能指的是感知内心、自我反省、自我约束等能力，自知智能越强的人，越能在某个领域获得成功；人际交往智能指的是与他人交往的能力，人际交往智能越强，越能拥有良好的人际关系；认知自然智能指的是分辨自然环境中各种事物的能力。

三、现代教育教学理论和心理学理论

教育教学是一门对教育现象、教育规律以及教育问题进行研究的科学。高等教育属于教育范畴，因此高等教育必然需要符合教育的基本规律。现代教育教学理论所研究的教师和学生之间的关系、教学的原则、教学规律、教学模式、教学形式、教学方法、教学管理以及教学艺术等都是高等教育的理论基础，是大学生实现有效智能训练的重要依据之一。另外，现代教育教学理论还能够促使当前教学树立起新的教学理念，即个性教育、自由教育、和谐教育等，这些都与有效教学紧密相连，特别是现代教育教学理论所倡导的以学习为主，对于教学以及高等教育来说都十分重要。

心理学是一门研究人本身思维以及行为的科学。心理学研究的是记忆、思维、感情等心理活动。心理学家认为，在教学活动中，教师的情感、意志、兴趣、动机、信念、性格以及理想等都会对教师的教学效果和学生的学习效果产生影响。因此，对有效教学进行研究就要对心理学进行研究，特别是心理学中的教育心理学。教育心理学主要包括学习心理、教学心理、学生心理以及教师心理四个方面的内容，能够给教师提供系统的理论知识以及最新的研究成果，帮助教师在教学过程中指导以及评价自身的教学，并且还能够提供多种研究角度和研究方法，帮助教师解决在教学过程中遇到的问题。因此，心理学理论是有效教学的重要理论基础之一。

第二章 高等教育国际化背景下我国创新人才培养的挑战和机遇

第一节 高等教育国际化背景下我国创新人才培养的挑战

一、高等教育国际化背景下我国创新人才培养面临的挑战

高等教育的国际化发展是一把双刃剑，为促进我国高等教育国际化发展的同时也为我国高等教育带来了挑战。随着国际化程度的不断加深，我国高等教育面临的问题逐渐增加，人才外流、教育不公平、区域发展不平衡、人才培养模式落后、教育管理体制和保障体系不健全等问题都是高等教育国际化背景下我国创新人才培养面临的挑战。

（一）影响教育公平，加剧区域失衡

在 21 世纪教育科学研究院联合某网站进行的一次教育满意度问卷调查中，问卷选取教育公平、教育收费、教育过程、教育决策和参与制度、教育质量等指标进行调查。其中，学生满意度最低的指标就是教育公平，可见，当前教育公平问题已然引起人们的关注。而高等教育国际化发展在地域和消费人群两方面的分布不均也在一定程度上加剧了教育不公平问题的显现，进而加大了地区之间的人才落差。早在 20 世纪末，奥地利和意大利学者将边际效用价值论运用到财政学

科研究上，论证了政府和财政在市场经济运行中的合理性、互补性，形成了公共产品理论。研读公共产品理论相关著作可以发现，高等教育在市场经济体制中既具有私人产品的特性，又具有公共产品的特性，也就是说，教育在给个人带来好处的同时，也可以让社会受益。从这一特点来看，高等教育属于一种准公共产品。正是因为高等教育这种混合型的特征，所以在《服务贸易总协定》框架中，人们在将高等教育视为公民切实有效行使国家权力、参与国家管理需要的公共产品的同时，也将其作为一种必须付费消费的商品。出国留学与国内高等教育相比，需要花费更多的资金，而我国高等教育的花费相对较少。因此，出国留学的费用并不是我国大多数家庭可以承担得起的。此外，经济发展水平也会在一定程度上制约教育发展水平。当前，我国以营利为目的的中外合作办学项目和国外教育机构主要分布在一些比较发达的东部沿海地区和大城市，经济发展水平相对落后的地区和城市不仅教育水平相对较低，还缺乏高层次人才，缺少一些比较先进的教育机构的分布，高等教育资源分布不均衡，最终导致中西部地区的高层次人才更加缺乏。高等教育不仅要培养高层次人才，更重要的是要促进不同区域人群的收入平等，减少贫困，拉动经济的增长。

（二）缺乏高等教育服务贸易质量保障体系

高等教育服务贸易的质量认证和监管设计的领域比较广泛，包括出国留学、中外合作办学、教育等级考试等内容，因此，如何保障高等教育服务贸易的质量是世界每个国家和地区都非常关注的问题，但是国际上至今仍然没有制定出一个国际公认的高等教育质量认证体系。虽然我国当前已经建立起了相对比较完备的国内高等教育质量保障体系，但是高等教育国际化质量保障仍然有所欠缺。例如，《中华人民共和国中外合作办学条例》中规定了我国鼓励引进优秀的外国教育资源，进而推动中外合作办学；鼓励中高等教育机构与国外知名的高等教育机构进行合作；鼓励中外合作办学机构引进国内急需具有先进性的课程和教材；等等。《中华人民共和国中外合作办学条例》虽然内容全面，但对其中一些关键性的细节却没有进行明确的规定，这就导致在具体执行的过程中容易出现分歧。

针对高等教育国际化的质量问题，我国已经采取了一定的措施，如我国创建了中华人民共和国教育部教育涉外监管信息网，在网站上可以查询与出国留学和中外合作办学的相关政策和信息；发布了规范留学中介业务活动的《自费出国留学中介服务委托合同（示范文本）》；与全球多个国家和地区签订了相互承认学位、文凭和学历的双边协议；为了降低留学风险还发布了留学预警；等等。虽然我国为保障高等教育国际化质量做出了很多努力，但是由于高等教育国际化过程涉及的内容比较广泛，再加上信息不对称现象的存在，导致不同国家的教育文凭有时候难以被其他国家认同，这样的问题在高等教育国际化进程中广泛存在。随着时代的不断发展，中外合作办学和网络教育逐渐兴起，各种新型教育方式层出不穷，面对这一社会背景，我国需要建立起一个比较完善且行之有效的质量保障体系，以此来确保高等教育国际化的教育质量。当前中外合作项目大多都聚焦于外语和经济专业，这是因为与高新技术、工程、医学等专业相比，外语和经济专业需要的投资相对较少、项目开展更加容易，这就导致中外合作办学呈现出学科建设单一的情况。我国对中外合作办学机构的学位授权要求较为严苛，如果不对中外办学进行严格的监管，致使无资格办学现象猖獗，就会导致学生的学历、文凭等的取得得不到保证，最终使得学生的就业问题受到影响。

（三）高等教育管理体制受到冲击

高等教育大多属于公共教育，政府作为高等教育的资金划拨者、发展规划者，采取行政手段对学校进行管理和监控，参与学校的教育教学、学校招生、经费拨付等多个环节。当前，高校的办学经费主要来源是政府，但实际上，政府作为高校办学的唯一经济来源却无法满足高校的实际办学需求，这就导致高校普遍缺乏自主意识和竞争意识，不自主思考人才培养的目标与要求，导致高校培养出的人才与市场需求严重脱节，人才综合能力较低。

针对这一现状，我国制定了一系列鼓励社会力量参与办学的措施，试图将单一的办学模式转变为多元化的办学模式。但是民办高校与公立院校性质不同，民办高校的营利根本属性导致其无法满足公益性的高等教育的需要，民办高校的发展进程极为缓慢，导致我国高等教育很难适应激烈的国际竞争环境。《服务贸易总协定》旨在促使高等教育的服务贸易自由化发展，尽可能消除政策性障碍，为国外教育者、教育机构提供相等的待遇，促进我国中外办学机构、外资教育机构的发展。

综上可知，在高等教育国际化背景下，我国创新人才培养无疑会面临各种各样的问题。但是高等教育国际化是时代的发展趋势，高校必须对高等教育国际化发展保持清醒的认识，进而制定和出台合适的政策和策略进行引导，顺应高等教育国际化发展的潮流。

二、我国高等教育国际化发展存在的问题

随着我国改革开放程度不断加深以及全球化进程的不断深入，我国高等教育的国际化发展步伐也不断加快，我国高校的国际化水平逐渐提高。但是与此同时，高等教育国际化发展进程中也存在很多亟待解决的问题。

（一）地域问题的制约

地理因素对我国高等教育的影响主要表现在地区高等教育发展水平不均衡、地区高等教育资源不均衡等方面，东部地区凭借发达的经济、便利的交通、政策的倾斜等天然具有高等教育国际化发展的优势；而我国一些内地省份的高校，受到地理因素的影响，不具有高等教育国际化发展的优势，高等教育国际化发展水平相对缓慢。相比之下，外国留学生来中国学习更愿意到沿海城市和比较发达的城市，因此，我国东部沿海城市高等教育的国际化发展水平一般较高，而西部地区高等教育的国际化发展水平则比较低。由此可见，地域问题会对高等教育的国际化发展水平产生一定的影响。

（二）免费师范模式对国际化发展的制约

免费师范生，是指上大学时不用交学费，在校学习期间免除学费、免缴住宿费，并补助生活费的师范生。很多师范大学，每年都会招收一定数量的免费师范生，在校期间免除他们的费用、对其免费提供义务教育。免费师范生在毕业之后通常选择从事基层教育工作，无力承担出国学习深造的费用压力，这对高等教育国际化发展起到制约作用。除了免费师范生之外，师范院校还包括免费医学定向

生，其在毕业之后需要深入基层工作，没有机会出国留学。总之，免费师范模式一般都要求学生从事一段时间的基层服务，这种情况导致学生没有机会去国外进行学习和交流。因为免费师范模式的出现，很多优秀的学生没有机会在第一时间往国家化方向进行发展，这不论是对于学生自身，还是对于社会国家来说，都是一项损失。然而针对当前我国的免费师范模式，尚且没有比较好的解决措施，所以也对国际化发展起到了一定的制约作用。

（三）外事部门参与国际化发展的积极性不高

一般来说，高校中负责国际事务的是外事部门，外事部门需要对国家的相关政策方针进行整理和执行，负责学校的国际合作和交流工作。外事部门具体的工作内容包括以下内容：协调学校内外的活动事宜，为院校的教学和科研、学术交流等工作提供信息和联系服务；负责出访活动和来访活动的安排策划；负责校际交流活动的统筹管理、国际会议的审批、合作办学的审核和报批以及出国护照和签证的办理等工作。我国高校外事部门开展国际交流活动的积极性不高，被动地接受学校的安排，没有发挥外事部门的主体作用，制约了我国高等教育国际化发展进程。

（四）缺少国际化的专业队伍

高校要想提升自身的专业化水平，就要建立一支国际化专业化团队。团队中不仅需要具备国际化管理队伍，还需要具备高素质教师队伍。也就是说，高校除了要设立学校外事部门的国际化发展相关的管理工作者之外，还要求外事部门的工作者需要具备专业的管理能力，以及要安排专业的领导者对其工作进行领导和统筹，保证工作效率；此外，还需要设立专业的管理干部，要求管理干部既具备过硬的个人能力，又具备国际视野、精通国外语言、了解国际准则、拥有国际交往能力。国际化专业队伍的建设除了高校需要采取"引进来"措施之外，高校作为办学主体还要主动"走出去"，主动与国外的一流学校进行交流和合作，弘扬中华文化，扩大中华文化的世界影响力，提升我国的文化软实力。构建一支专业化的教师队伍，不断提升教师队伍的专业水平和国际能力，不仅可以对我国高校的学生进行更高质量的教育，还能为国外留学生提供优质教学资源，提升中华文化对外国留学生的吸引力，教师还能不断提升自己的能力，反哺专业化教师队伍的建设。但实际上，我国高校的专业管理者和教师非常缺乏，高校事务管理多遵循行政管理模式，在一定程度上限制了我国高等教育国际化发展的进程。

三、高等教育国际化发展理念下我国高校人才培养模式的问题

（一）我国高校人才培养模式概况

21 世纪是知识经济时代，人力资源的作用在这一时代得到了更重要的体现。我国高校既是培养高等教育人才的重要场所，也是发展人力资源的重要基地，因此，研究人才培养模式是我国高校的重要课题。只有科学的人才培养模式，才符合学生发展的基本规律，才能促进学生的全面发展。要对人才培养模式进行研究，首先要明确我国高校人才培养模式的基本发展概况。

1. 中华人民共和国成立前我国高校的人才培养模式

1898 年 7 月 3 日，京师大学堂成立，京师大学堂的成立标志着中国近代国立高等教育的开端。梁启超在京师大学堂的筹建方案中要求学生必须学习一门两年制的普通学科，除了需要学习基本的外语、数学、物理等科目之外，还要学习古典文学、儒家思想等内容，之后再开始学习专业的学科，如地理、政治、农业、工艺、商务、医术、军事等。梁启超还要求学生在进行专业课程学习的过程中，必须进行外语学习。这种人才培养模式强调学生要在学习基础课程的基础上进行专业学习，能够有效地提升学生的社会实践能力。

1912 年之后，我国高校人才培养模式逐渐增加，并且呈现多样化的发展趋势。这一时期高校培养出的人才具有非常鲜明的特色，这与彼时学校办学理念的更新有着非常浓厚的关系。教育家蔡元培先生主张学校在进行人才培养的过程中，应当按照德国的培养模式进行人才培养，坚持教学与科研相互结合；按照"选课+学分制"的模式对学生进行教学管理，还强调文理结合，促进学生的个性化发展。蔡元培先生在促进学生个性化发展的同时，对学生的国际意识和国际视野也非常重视，可见，蔡元培先生主张的人才培养方式与当今高等教育国际化

发展具有一定的相似之处。为了帮助学生拓展视野、提升能力，蔡元培先生还经常邀请世界知名的学术大师来北京大学为学生讲学，如伯特兰·罗素、爱因斯坦等人，尽管爱因斯坦因某些原因未能至北京大学讲学，但足见蔡元培先生对高等教育国际化发展的重视。蔡元培先生认为，高等教育国际化发展不仅可以极大地拓宽学生的知识面、开阔学生的视野，还能有效地激发学生的学习激情，推动学生的国际化发展。除了蔡元培先生之外，张伯苓、唐文治等教育家为了提升高校教学效率，推动人才培养模式的发展，也提出了一些比较独到的见解。南开大学的创办人张伯苓对于人才培养有比较独到的见解，他认为南开大学培养的人才不仅要实现现代教育的发展，还要体现出以国家为中心的国民教育制度。以国家为单位进行比较研究，无论是从理论的角度来考虑还是从实践的角度来看都具有一定的先进性，对当今社会仍然具有非常重要的导向作用。在专业设置方面，张伯苓除了文科和理科之外，还专门设计了商科专业；在办学目标方面，他反对完全照搬美国的模式，他认为中国的人才培养模式应当从中国的实际情况出发，努力培养出为中国社会服务的人才。作为上海交通大学首任校长，唐文治认为学生个性的发展非常重要，所以高校在培养人才的过程中一定要注重培养专门人才，并且要求学生学以致用。

2. 中华人民共和国成立之后我国高校的人才培养模式

中华人民共和国成立之后，我国的人才培养模式主要包括以下几种。

第一种人才培养模式便是知识型人才培养模式。这种模式主要培养学生接受信息和处理信息的能力，通过不断扩充学生的知识储备来提升学生分析问题和解决问题的能力，最终让学生的应变能力和创造能力等多方面得到实质性的提升，这也是高等院校人才培养的最终目标。对于学生来说，其能力的提升不可能通过某一节课或者某一种渠道就实现，而是需要通过长期的课堂教学和实践等多种渠道来实现的。从苏联的人才培养模式中可以发现，苏联在培养学生技术和创造能力方面开展了一项实验，并且取得一定的成果，通过这种方式和这项实验，可以有效地提升学生的创造能力。日本的职业高中通过"课题研究"的教学方式对提升学生的探索精神和创造能力起到良好的促进作用。

第二种人才培养模式便是知识能力型人才培养模式。这种人才培养模式大约出现于 20 世纪 80 年代。随着时代和社会的不断发展与进步，学校工作人员与时俱进，认真学习国家的政策，掌握就业信息，在此基础上，大量的中学毕业生都会在之后的工作和学习中得到教师指导，很多学生在毕业之后会选择在专业方向继续深造，也有的学生会选择在毕业之后前往企业进行工作。随着导师制和导师指导制度的出现，世界各国对这一人才培养模式逐渐重视起来，这一人才培养模式很快就在全国范围内得到推广，这也是这一种人才培养模式可以得到发展的原因。相反，如果没有专业教师的指导，很多学生就会在专业学习和未来职业面前表现出不知所措的状态，最后不仅会对学生造成非常大的影响，甚至会影响到学校乃至国家的发展。

第三种人才培养模式便是技能创新型人才培养模式，该模式认为不同的学生应由不同的学校培养，如普通专业的学生由综合大学进行培养，工科专业的学生由工科院校进行培养，等等。为了取得更好的培养效果，可以将一些工程示范类的专科院校提拔为相对应的工程师范学院，促进人才的个性化发展。如果在教学的过程中，高等教育过于注重人才培养的智力因素，而不注重大学生的思想、道德、身体和心理等非智力因素，那么培养出的人才也不符合学生全面发展的客观要求。因为在学生成长和发展的过程中，学生的非智力因素也有着非常重要的作用，如果忽略了学生非智力因素的培养，那么培养出的人才就很难拥有比较高质量的创新创业能力，也就无法培养出高质量的创新型人才。大学生创新能力不仅是一种智力特征，更是一种人格特征，可以反映出一个人的未来发展前景和精神状态。所以归根结底，如果忽视学生非智力因素的存在，就很难真正提升学生的创新能力。创新素质实际上是人才的核心素质，而创新素质的提升需要靠能力教育、素质教育、创新教育来实现，只有将这些教育进行有效的整合，形成强大的合力，才能不断提升学生的综合能力，促进学生的全面发展，为素质型人才的培养做出贡献。

（二）我国高等教育人才培养模式中存在的问题

受到传统教育思想和传统观念以及计划经济体制等多种因素的影响，我国高等教育人才培养模式存在一些比较明显的缺陷，如我国高校人才培养理念以满足社会需求为主要目的，严重忽视了学生个体的自然发展；人才培养目标存在重视专业教育和课堂教育、忽视基础教育和课外教育的问题；等等。总之，传统的人才培养模式极大地忽视了学生综合能力的提升和发展，尤其忽视学生实践能力和创新能力的提升，存在明显的缺陷。另外，人才培养模式还存在专业口径过窄、课程体系的综合程度较低等问题，尤其是实践性课程和活动性课程的安排比例非常低。此外，人才培养制度长期按照学年制和学分制进行分段和评价，没有建立全面、科学的学分制。当前，我国高等教育人才培养评价的评价标准、评价方式不甚科学，评价指标非常单一，主要以学生的考试成绩作为评价学生的唯一标准。现如今，高等教育国际化发展已经成为全球大学发展的重要标志，也是当今社会大学发展的潮流，我国传统的人才培养模式应当不断进行改革，顺应潮流，只有这样才能充分发挥人才培养模式在高等教育国际化发展中的积极作用。

1. 人才培养理念方向的问题

我国高校人才培养理念会受到教育思想的影响，传统的高等教育人才培养以社会需求为人才培养目标，不注重人本主义思想和以学生为本的理念。长期受到此种人才培养理念的影响，我国高等教育培养出的人才和大学生过于模式化，无法充分体现出自身的特性和自主性。因为高校在培养人才的过程中一直秉承着传统的文化观念和人才培养理念，过于注重文化知识的讲授，忽略了知识和文化的再生产与创新，在教学的过程中教师也以知识灌输为主，很少对学生进行引导，导致高等教育培养出的学生大多只是对文化进行继承而不是进行创新。我国高校在人才培养的过程中采取了一些措施，如高校在职培训一般由高校师资队伍中能力较为出色的教师负责，这对在职领导干部和教师本身来说就是一种锻炼。之所以要采取这一措施，是因为长期以来职业教育发展比较迅猛，高等院校的任职教师数量不足，教育部门只能从普通高校中选取一部分人组成培训队伍对其他教师进行培训，发挥出色教师"传帮带"作用，调动高校内部师资队伍的积极性。高等院校在进行专业设置、课程设置等工作时，也可以要求教师进行深造学习、参与培训，提升教师能力，构建一支高质量师资队伍。

为了不断加快我国高等教育的国际化发展进程，我国高校在进行人才培养的过程中，一定要认识到国际化人才培养的重要性，树立国际化发展的理念。从当前世界各国的人才培养理念和人才培养模式可以发现，高等教育的相关立法众多，有的涉及教育性质、教育任务、制度、师资和经费等多个方面；有的仅涉及某些方面，如学校的相关条例、政府经费补助、教学方法的改进、实训基地的建设等。当前，国际化发展已经成为高等教育发展的必然趋势，我国高校应及时对人才培养理念进行调整。

2. 人才培养目标方向的问题

我国当前的人才培养目标在知识、能力、素质等多方面都存在一定的局限性。从知识层面来看，因为我国高等教育长期注重专业教育，忽略普通教育，重视科学、轻视人文，所以导致我国高等教育培养出来的大学生存在知识结构不完善、思想底蕴不高的问题。从学生自身的知识结构来看，有些高校学生存在基础教育知识薄弱、应变能力不足、适应能力较差、难以实现对口就业等问题，人才培养质量难以得到保证，这表明我国高等教育还需要不断进行完善。总之，随着经济全球化和高等教育国际化的发展，世界各国之间的竞争越来越激烈，高校作为人才培养的重要基地，只有明确人才培养目标的正确方向，培养出具有创新精神和创新能力的人才，才能真正发挥高校立德树人的重要职责。

3. 人才培养过程中的问题

我国高校在人才培养过程中存在一些问题，主要体现在以下几个方面。

第一个方面就是专业方面。高等教育是在中等教育基础上进行的继续教育，与社会生产力、社会经济、科技水平等的发展密切相关。因此，各国在发展高等教育时一定要从本国的国情出发，只有让高等教育与本国的经济、科技和社会发展情况相适应，进而建立起具有自身特色的高等教育体系，才能真正实现高等教育人才培养模式的转型和发展，实现人才的国际化发展。各国在发展和改革高等教育的过程中，首先需要适应时代和国家的要求，对高等教育的结构进行调整；其次还需要转化人才培养目标，将科学化管理作为基本目标，推动高等学校招生制度的改革；再次还需要适应社会的发展和学生个性的发展；最后还需要正确处理科研、教学与生产之间的关系，充分发掘高等院校科研的潜力，提高高等教育的教学质量，面向未来培养人才。

第二个方面就是课程方面。传统的人才培养课程内容存在以下问题：围绕学校教学工作水平评估，学校毕业生就业指导服务中心在认真调研的基础上积极参与学校的教学计划改革，专业基础知识薄弱；高等教育实践性课程和活动性课程的比重较低，传统的人才培养模式更加重视课堂教学，忽略实践教学；高校作为重要的人才培养基地，其应当具备自主决定和管理内部事务的权力，但是受到传统人才培养模式的影响，导致高校的人才培养工作在政府的引导下开展，行政性质明显；等等。现如今，高等教育国际化发展已经对我国高等教育的人才培养产生了非常大的影响，尽管不同类型和不同层次的高校所受的影响不同，但是一般而言，高等教育国际化对我国高校人才培养皆具有非常深刻的影响。为了适应高等教育改革和国际化发展的需求，我国高校要想实现高等教育国际化发展，就要对高等教育人才培养课程进行革命性的变革，建立起能够真正满足社会需求的人才培养体系。

4. 人才培养评价方面的问题

在高等教育国际化发展的过程中，各国的高等教育一般具有以下共同特征，即国家会对职业技术教育进行干预，如通过立法将职业技术教育纳入教育体系中，使其真正成为教育体系的组成部分。一般来说，职业技术教育包括初级层次、中级层次和高级层次，随着社会和企业需求的不断变化，其对人才的要求也不断变化，因此，高等教育要想培养出符合当今时代的基本要求的人才，则需要采取科学的人才培养评价方式对人才进行评价。进入 21 世纪之后，我国的科学技术突飞猛进，人类社会第三次工业技术革命深入发展，我国产业结构逐渐从劳动密集型向知识密集型转变。以高科技技术为基础的知识密集型对人才提出了更高的要求，若再以传统的人才培养评价模式评价人才，便无法对人才做出全面的评价，无法促进人的全面发展。因此，评价人才的标准，应当进行一定的改变，增加评价人才对国际知识和国际交往能力以及国际素质等内容的掌握程度的评价指标。传统的人才培养评价多注重结果性评价，以考试成绩为衡量学生水平的唯一标准。不可否认，以考试成绩为代表的结果性评价确能反映学生的学习成果，避免了主观因素对评价结果的影响，具有一定的公平性和程序性。但是结果性评价不注重学生的日常表现，不重视对学生创新精神和创新意识的培养，无法对学生做出全面的评价。高等教育应及时改变人才培养评价方式和评价指标，制定能够全面促进人才发展的评价指标，全面考虑学生的课堂日常表现，将日常表现纳入评价体系，实行过程性评价，降低考试成绩所占的评价比例，促进学生的全面发展，实现高等教育国际化发展。

第二节　高等教育国际化背景下我国创新人才培养的机遇

一、高等教育国际化为我国创新人才培养带来的机遇

（一）提供了丰富的优质教育资源

进入 21 世纪之后，科技发展日新月异，知识更新换代的速度也因此得到了极大提升。据联合国统计，18 世纪时，知识更新周期为 80 ~ 90 年；19 世纪到 20 世纪初，知识更新周期缩短为 30 年；20 世纪 60 至 70 年代，一般学科的知识更新周期为 5 ~ 10 年；20 世纪 80 至 90 年代，许多学科的知识更新周期缩短为 5 年；而进入新世纪，许多学科的知识更新周期已缩短至 2 ~ 3 年。在这样的背景下，人们认识到，只有不断学习，适应时代的发展脚步，跟上时代的步伐，才能有效地提高自身的生活水平。与此同时，因为社会环境的变迁，人们对教育的期望值越来越高的同时，高等教育也需要不断发展。但是我国当前高等教育对专业人才的培养相对缺乏，无法满足社会对这一方面人才的需求，造成高等教育人才供求失衡。虽然教育事业不断发展，但是却没有充足的教育资源为教育事业的持续发展提供动力，因而导致高等教育的人才培养工作出现后续乏力的情况。随着知识经济时代的到来和发展，越来越多的外资企业逐渐进入中国市场，再加上西部大开发战略、全面振兴东北老工业基地战略等的实施，进一步加大了高层次人才的需求，这些都预示着我国高等教育人才需求量正处于不断上升的状态。在高

等教育国际化发展的背景下，远程教育、中外合作办学等多种形式可以有效地为我国高等教育的发展注入新的活力，有利于拓宽我国教育融资渠道，减轻政府办学的经费压力，增加我国高等教育的总供给量，最终提升入学率，缓解我国高等教育人才供求失衡的情况。通过这种办学方式和办学形式，还可以帮助我国充分引进和吸收外来的优秀学生和教职工，促进我国从人才输出国向人才接收国角色的转变，优化我国人才结构，提升我国高层次人才的数量和质量。

（二）提升高等教育人才培养质量

加入世界贸易组织之后，我国经济与世界经济融合发展，经济社会的全面可持续发展不仅需要人力资源的支持，在当今社会，人才的质量是一个更加重要的影响经济社会发展的因素。但是，我国高层次人才较为匮乏，制约了我国经济的发展。在经济全球化的发展背景下，国际化体现在多个方面，其中包括人才培养。只有推动高等教育的国际化发展，培养出能够满足国际发展需求的高素质人才，才能真正落实经济全球化发展战略。高等教育国际化发展，不仅可以从国外引进优秀的学生、教师等教学资源和充足的教育资金，还能学习其他国家先进的教学经验、教育理念和人才培养模式，制定一系列措施促进我国高校与外国高校之间的学术交流，提高教师的素质，敦促学生和教师树立全球化理念，时刻掌握最前沿的学术动态和学术理论，为高校营造国际化的人才培养氛围和教学环境。当前，各用人单位对人才的要求越来越高，人才缺口不断扩大，但高等教育培养出来的人才的质量难以满足用人单位的需求。因此，高等教育应在增加人才供给总量的同时，针对不同专业和不同层级的学生提供多样化和个性化的教育供给，满足学生的多样化需求。通过这些举措，我国高等教育培养的人才就会拥有更加宽广的知识面、较高的外语水平、较强的社会适应能力、强烈的创新精神。总之，高等教育国际化发展可以使得人才培养质量得到有效的提高，人才的社会竞争力以及国际竞争力也能够因此增强。另外，我国高等教育的市场开放程度越来越高，这为很多外来的教育机构和办学机构提供了发展机遇，外来教育企业的进入促进我国高等教育服务竞争机制的优化创新，有利于提高我国教育质量，是推进我国高等教育体制改革的有效措施。为了提升高等教育教学质量，政府还应当转变自身职能，积极对市场进行调控，让学校可以拥有充足的自主权，实行高校去行政化，促进高等院校办学主体的多元化发展，最终实现人才的多层次、多样化发展，从而满足我国社会经济发展对人才的多样化需求。

（三）增加教育收入，减少资本投入

当前，国际教育服务贸易的总额已经超过了数百亿元，各个国家和地区普遍认识到了教育服务贸易的巨大经济效益，高等教育出口逐渐发展成为一种重要的产业。我国是主要的高等教育进口国之一，在不增加财政投入的基础上通过利用外国资源为我国培养了大量的人才。伴随着中外合作办学力度的提升，我国从国外引进了大量优秀的教师资源、先进的课程内容以及优质的人才培养模式，这让我国大学生不用出国留学就可以接受外国比较先进的高等教育，花费较少的钱就可以获得外国大学文凭，极大地减少了人才的外流和教育资金的外流，缩小了教育服务贸易逆差。与此同时，我国还积极鼓励外国学生到我国留学，获得人力资本收益。总之，高等教育的国际化发展可以帮助我国增加教育收入，减少资本投入，在优化我国人才层次和结构的同时还能够带动经济的发展。

（四）促进人才培养模式的调整

当前，教育程度与就业状况基本呈正相关关系，即教育程度越高，就业就越容易，相应的收入也越高；反之，学生的教育程度越低，他们的就业压力就越大。

创新是社会发展和国家综合实力提升的重要影响因素。在高等教育国际化背景下，我国高等教育人才培养需要不断进行创新，培养出具有创新能力的人才，只有这样，才能推动国家和企业的创新发展，为国家经济增长、科技发展做贡献。建设世界一流大学、培养高素质的创新型人才是我国高校的主要目标，这一目标的实现就需要我国高等教育与国际接轨，通过高等教育国际化发展进一步推动我国高校与世界一流高校之间的交流合作，进一步推动我国人才培养模式的转变，加强我国高校学生的实践能力和创新能力。我国高等教育质量不断提高，高层次人才不断增加，优质的人力资源越来越充足，这对外资企业产生了极大的吸

引力，使外资企业来我国进行投资成为一种常态，促进了我国经济增长，实现我国产业结构的优化与升级。外资企业在我国进行投资，一方面，能够为我国提供大量的就业机会，帮助很多人解决就业问题，有效地缓解我国高校毕业生就业难的问题；另一方面，外资企业在我国投资能够引进国外先进的科学技术、管理经验等，对我国高等教育产生影响，加速我国高等教育的改革和发展。最重要的是，随着我国外资企业数量的增加，我国经济也因此迅速发展。由此可见，高等教育国际化发展能够促进我国人才培养模式的调整，促进我国产业结构的优化升级，提升我国综合实力。

二、国际化背景下我国高等教育的发展方向

（一）高等教育理念的国际化发展

高等教育国际化发展就是要做到教育理念的国际化发展，因为这是历史发展的必然选择，也是每一个国家和地区发展高等教育的必然要求。高等教育的国际化发展从根本上打破了教育之间的国家界限，任何一个国家和地区都不应将高等教育的发展空间局限在国家或地区的范围内，只有主动迎接全球化发展的挑战，培养出能够适应全球化发展的人才，才能体现出其高等教育的先进水平。这就要求我国在发展高等教育的过程中一定要打破传统的固化思维，以国际化发展理念引导高等教育国际化发展。要知道，高等教育不仅是为了教育人才、培养人才，更重要的是要打破高等教育的固有思维，适应国家的改革与发展，为社会培养出高质量、全面性、适应能力强、具有创新能力的综合性人才。因此，高等教育国际化发展一定要站在更高的层面看待高等教育，对高等教育的发展方向有一个比较全面的综合性认识，树立国际化发展理念，打破传统思维的影响和束缚，主动参与世界范围内的高等教育的合作与竞争，只有这样才能推动我国高等教育的发展，适应高等教育国际化发展的趋势，保证我国高等教育有一个更加开放的发展前景。

（二）高等教育创新改革

在树立国际化的发展理念后，我国高等教育还需要在国际化发展理念的推动

下促进我国高等教育的创新改革。在国际化高等教育理念的指导下改革传统的高等教育管理体制，需要转变政府和教育机构等行政部门的职能，树立产业发展意识，促进我国高等教育的国际化发展。随着经济全球化的发展，我国需要面向国际市场制定一些高等教育的改革措施，促进高等教育的发展。高等教育的发展一定要调整人才培养目标和规格，具有国际视野和全球意识、既了解中国传统文化又了解其他国家文化、具备处理国际事务能力、拥有创新意识和创新能力的人才才是当今世界最需要的人才，这也是新时代人才培养的基本要求和目标。从高等教育人才培养目标和基本规格出发，结合时代的实际发展要求，构建课程体系，改革教学内容和教学方法，不断创新教学手段，是进行教育改革的基本措施。

（三）高等教育资源优化

在教育国际化发展背景下，我国高等教育的教学资源不断得到丰富和优化。在以往，我国各大高校进行教育只能使用本国甚至是本校的资源，资源的限制导致学生的眼界非常狭隘，无法学习到国际上最先进的知识，这也在一定程度上限制了学生能力的提升。但是在教育国际化发展滞后的情况下，我国教育界和国外的教育界得到了有效的合作与交流，我国高等教育资源得到了有效发展。教育资源的构成内容众多，主要包括人力资源、组织资源、理念资源等。其中，人力资源包括教师、学生、管理人员和其他人员等多种构成要素；组织资源主要包括教育结构、课程结构、教育教学活动的组织方式等结构层面的内容；理念资源主要包括教育理念和人才观等多种要素。根据世界贸易组织的《服务贸易总协定》中的相关规定可以发现，教育服务已经处于服务贸易的范畴，教育资源可以通过跨国的方式进行传递和交流。这一规定对于提升各国的教育水平具有非常重要的推动作用，可以有效地缓解教育资源不足的问题，同时也为更多的人接受高等教育创造了良好的条件。

（四）国际教育市场的开发

随着全球化浪潮的不断推进，世界各国之间的文化碰撞与交流越来越密切，"地球村"逐渐形成。高等教育作为各国之间进行交流沟通的一个重要纽带，通过高等教育的国际化发展，各国之间得以形成相互联系、相互依存、相互促进、共同发展的关系。现如今，国家与国家之间、地区与地区之间的交流合作越来越密切，要想在激烈的市场竞争中占据一席之地，不断提升自身的影响力，不仅需要各个国家与地区相互合作，还需要积极开拓国际市场，转变自身发展劣势，弘扬自身发展优势，扩大本国优势产业的影响力。我国经济增长速度非常快，人口众多，教育市场巨大，许多国家都希望在我国教育市场有所发展。我国历史悠久，拥有非常丰富的教育资源，这些都是我国特有的文化资源，因此，我国应该通过国家之间高等教育的合作和交流，输出我国文化，将我国的文化打造为其他国家的教育资源，扩大我国文化的影响力，增强我国的文化软实力；与此同时，我国也能从其他国家获取有益成分，并将他国精华文化转化为我国特有的文化教育资源，实现国际化与本土化的相互融合。现如今，中国文化已经逐渐走向了全世界，孔子学院就是最好的证明。

（五）高等教育的飞速发展

在高等教育国际化发展的进程中，各国的教育部门和教育机构之间联系也越来越密切。在高等教育国际化发展的进程中，教育层面的交流与合作是必然的，也是非常重要的内容，高等教育的国际化发展是有利于各国之间相互学习、相互交流和相互借鉴的。我国在发展高等教育的过程中，通过与其他国家之间进行密切的合作与交流能够推动我国高等教育事业的不断发展，提高我国高等教育在国际上的地位和影响力。

第三章　我国高校创新人才培养现状、地位及作用分析

第一节　高校创新人才培养现状

一、高校创新人才培养工作已取得的成绩

（一）实施科教兴国和人才强国战略

科教兴国与人才强国战略的核心是推动科技进步与创新，从而为国家和社会发展注入强大活力。科技发展始终与人才绑定在一起，人才是科技发展的能动要素，素质越高的人才越能发挥重要作用。在"十一五"时期，努力建设创新型国家和人力资本强国是人才培养工作的核心目标。高校作为人才培养的主要基地，承担着培养优秀人才的重要使命。《国民经济和社会发展第十一个五年规划纲要》中明确要求高校要在加快科学技术创新和跨越层面做好长远规划，目的是保障科学技术发展步入正轨。无论是科学技术发展还是人才培养都需要跟随时代不断向前，创新性、跨越性以及发展性是发展规划所应具备的特征，从而为达到更好的引领未来效果、打造极具潜力创新体系以及整体提升科技水平提供有力支撑。培养创新人才是提高国家自主创新水平的基础，我国在多个科学领域取得了良好的发展成绩，但是很多领域仍没有掌握核心技术，尤其是信息、空间、纳米

等具有广阔发展空间的领域更是处于部署阶段。要想在这些领域占有一席之地，关键要依靠国家的自主创新实力。我国有些领域如能源、资源、农业、环境等具有较高的技术水平，但与国际先进水平相比仍旧具有一定差距，改变这种局面同样需要依靠关键技术攻关，培养优秀的科技人才是技术攻关的保障。整体看来，加强自主创新能力建设、建设国家重大科技基础设施、实施知识创新工程、整合研究实验体系等是科教兴国和人才强国战略要实现的重要目标，而要想实现这些目标，就需要建立一流人才培养基地。加强高校合作范围、提高产学研水平是推进高校更好发展的重要举措，因为与企业合作可以更快了解当前技术发展情况，而不是盲目排外、闭门造车，并且当取得技术突破时，也能通过企业与市场建立联系，从而检验技术的可行性以及不足之处。以市场为导向应该成为高校人才培养与研究科学技术的重要原则。但是仅仅依靠高校是不够的，除了加大高校与企业、科研机构等合作范围与力度外，国家还要在法律制度层面进行完善，如国家要通过立法来加大知识产权保护力度、建立知识产权预警机制、构建新型科技体制等。科学研究不是一朝一夕可以完成的，不仅需要充足的时间保障，还需要人力、财力与物力的持续支撑，因而要对多个方面进行调动，除了高校外，政府、企业以及其他社会力量也要通过合理配置发挥相应作用。

在科教兴国和人才强国战略视域下，高校在发展过程中要以实现全面协调为目标，摒弃"重理论、轻能力"的错误思想，将开展与实施素质教育放在重要地位。高校的教育结构调整不可能一蹴而就，要经过不断调整与实践。从当前情况出发，高校的素质教育就要实现"普及"目标，而后在这一基础上逐渐实现"发展"与"提高"目标。建设学习型社会是国家发展规划中的重要目标，目的是营造社会学习氛围，激发每位公民的学习热情与潜力，从而使公民的综合素质得到显著提升。高校要发挥重要的引领作用，不仅要重视教育质量的提高，还要在学科建设上下功夫，避免专业太过集中而影响到大学生的就业发展以及限制高校类型的扩展。政府要发挥宏观调控作用，如在教育投入方面要合理提高，保证财政性教育经费增长幅度超过财政经常性收入增长幅度。

我国是一个人口大国，人口方面的优势只有通过提高人口素质才能得到彰显，这是由人口大国向人力资本强国转变的基础。人才培养需要遵循培养各类人才的原则，只有这样才能让每个领域都获得优秀人才的支撑，才能通过人才的各司其职保证社会发展正常运行。人才类型多种多样，有政府部门的管理型、统筹型人才，有企业部门的创新型、开拓型人才，有科技部门的研究型、战略型人才，等等。在这个人才竞争日益激烈的时代，人才品质要求会越来越高，而从人才培养角度看，人才品质的提高不仅要重视培养过程的优化，还要建立切实可行、科学合理的人才评价机制，具体包括品德评价、能力评价、业绩评价等。

（二）实施国家高层次创新人才培养工程

人才培养并不是简单的行为，而是要通过体系构建进行规划与完善。国务院发布的《实施〈国家中长期科学和技术发展规划纲要（2006—2020）〉若干配套政策》中明确提出要实施高层次创新人才培养工程。既然是工程，就需要从多个方面进行规划，并且所对应领域也要细致划分，基本可以分为基础研究领域、高新技术研究领域以及社会公益研究领域。人才培养效果会对国家发展产生巨大影响，尤其是在国际竞争日益激烈以及国际形势波诡云谲的时代，国家不仅要重视市场竞争力的提升，还要在军事领域投入巨大精力，目的是提升军事实力、保障国家安全。无论是哪个领域，都需要人才的支持，如何培养一批创新能力强、科学水平高、思想观念坚定的优秀人才是人才培养需要重点思考的问题，其应对效果会关系到中国特色社会主义道路的建设进程。如减少优秀科学家的流失，首先要建立起各种具有约束和管理作用的制度，如学术交流制度、同行认可制度、人才激励制度等，最大程度地保证优秀人才可以得到公平的对待。其次要建立科学合理的人才评价体系。在人才评价中不能盲目以单一标准作为评价依据，而是要对人才进行分类，并以不同领域、不同类别的评级标准为基础做出评价。评价过程中重要的是选取评价指标，而在选取时需要根据实际情况做出灵活应对，如有的科研人员会在某些方面稍逊于常人，但科研能力十分优秀，则需要在评价时更加谨慎，避免因太过武断而造成人才流失。再次，以评价体系对应奖励制度，当科研人员做出贡献时，需要给予相应奖励进行鼓励。在实际情况中，奖励制度要具有多层次性，目的是最大程度地发挥激励效果。除了国家层次的奖励外，社会层次、企业层次等也要落实奖励制度。最后，构建科技信用监督体系。科研项目在开启后，需要通过多方面分工支撑其正常运行。构建科技信用监督体系的目的是对项目负责人员进行监督与约束，保证他们的技术水平、道德水平等符合标准。另外，科研项目的评审与验收工作也要得到监督。

（三）高校成为国家科技创新的主力军

如何培养人才、培养怎样的人才等是高校人才培养应该着重思考的问题。近年来，高校对人才培养机制的研究力度不断加强，研究内容主要集中于人才培养与科学研究的关系构建、学科交叉与学科融合的方向选取、基础研究与应用研究衔接体系完善等方面。但是实际研究效果并不尽如人意，想要建设一个知识传播与创新共存的高校还有很长的路要走。高校是一个集合概念，其内部的广大师生才是决定高校发展走向的主体。广大师生表现出的教学态度、学习态度、科研态度等可以反映出一所高校的品质，对于高校来说，如何调动广大师生的积极性是重点思考的方向。首先，高校要为广大师生提供优良的教学环境，让他们可以更好地教学、学习以及生活。其次，高校要对人事体制方面进行改革，不能依旧秉行传统的根据资历进行人事调动的方式，而是要遵循优胜劣汰的原则，为表现优秀的教职工提供进一步发展的机遇。达到这一目标需要科学合理的评价体系的支撑，而对于评价指标的选取，需要做到均衡分配，不能让考试成绩一家独大，这样不仅可以激发教师的教学热情，还能从多个方面强化教师的能力，避免因过度重视某一个方面而出现的急功近利思想。再次，高校要促进资源配置的进一步优化。不同学科、不同专业具有不同的市场需求，高校作为人才培养基地，一方面要基于市场需求调配教育资源；另一方面要通过资源的合理配置避免某一专业过于火热，导致供需不平衡的情况，从而使就业形势更加严峻。最后，高校要根据市场需求实行学科交叉与学科融合，并且要鼓励新兴学科的出现。科学技术的突飞猛进为不同学科的融合交叉提供了支撑，而要想学科交叉与融合切实作用于社会发展，还需要大量的科研人才以及实践人才。高校需要承担起这一重要使命，真正成为国家科技创新的主力军。

二、高校创新人才培养机制存在的问题

（一）创新教育理念没有真正确立

大学生是国家未来发展与建设的主力军，提升他们的综合素质水平极其重要。大学生的年龄普遍介于 18 岁到 23 岁之间，精力十分旺盛，思维活跃、敢于想象，具有充足的创新潜能。要想发挥大学生的创新潜能，需要确定有效的挖掘方式。高校是传达知识、培养人才的地方，如果在人才培养中一味因循守旧，就会对创新潜能的激发造成抑制作用，从而使培养出来的人才只会按部就班完成工作，在创新方面鲜有作为。从 20 世纪 50 年代开始，各个国家不断提升对创新型人才培养的重视程度，创新能力成为评价学生素质水平的重要指标。教育开展不是盲目的，而是需要建立在某一教育目标的基础上，无论是传统教育还是现代教育，先要设立明确的教育目标，然后以此为基础形成相应的教育理念。在当今的教育领域中，教育理念是丰富多样的，因而所对应的教育活动也是类型各异、各具特征的。从时空角度分析，教育理念可以分为传统教育理念与现代教育理念；从地理角度分析，教育理念可以分为本土教育理念与国外教育理念。不同教育理念之间并不是泾渭分明、互不干涉的关系，而是具有一定的联系，如我国传统教育理念对现代教育理念的影响是深刻的，尽管经过了多年的教育改革，但是很多传统思维方式依旧在发挥着作用，其中最具影响力的有应试教育理念、教师主导理念等。在这些传统理念的影响下，"教师教什么学什么""考什么学什么"等现象普遍存在，造成高校培养出的一些学生空有理论知识而无实践能力，创新能力更是缺乏。在谈到我国的教育事业时，很多学者指出"缺乏创新"是长期存在的弊病，直到现在也得不到有效解决。传统教育理念有其可取之处，但在创新层面的作用却是较少，因而需要改革传统教育理念，否则高等教育的创新就会成为空谈。当教育理念得到革新后，教育者的教育行为才能做出切实转变，才能让创新元素扎根于高等教育中。

高等教育改革的脚步从未停歇，众多高校领导者和管理者都在这一过程中付出了巨大努力。呼吁创新、开展创新教育不能只是做表面工作，而是要切实落实

在教育过程中。但由于传统教育理念的影响，要想达到这一目标仍旧是任重而道远。

1. 培养目标重视单一的专才教育而忽视了通才教育

通才教育指的是在教育过程中向学生传达各种各样的知识与技能，使其多个方面得到提升的教育模式。依托通才教育培养出的人才具备横向型特征，即不仅有着宽广的知识面，还具有多种解决问题的技能。专才教育则强调教育过程集中于某一领域或者某一专业内，培养出的学生对于某一方面十分精通，知识面却十分狭窄。通才教育需要向学生灌输通识知识，这一知识的涉及范围极为宽广，有一般的基础性知识，也有与社会生活、道德修养等相关的知识，并且这类知识主要发挥引导、熏陶作用，不会具有太强的功利性。与之对立的是专才教育灌输的专业知识，这类知识或技能目标明确、指向清晰，主要为提升学生某一方面专业能力而准备，因而具有明显的功利性。

现代教育领域中包含的学科类型与专业类别愈加多样化，即使同一个专业，也会被细分为多个小项，想要完全掌握是不现实的。另外，在科学技术的促进下，学科交叉融合成为常态，不断有新兴学科与新兴专业产生。这样一来，人才培养的难度进一步提高。在这样的情况下，高校在人才培养上进一步趋向专才教育，不同专业的学生在经过四年的大学生涯后，在知识、技能、认知观念等方面都会存在较大差距。正所谓"隔行如隔山"，在专才教育大行其道的影响下，行业之间的差异进一步凸显。对于学生来说，他们的知识范围、技能水平等基本局限在某一区间内，要想转行会面临着很大困难。在高中阶段，有的学生对"文理分科"持反对意见，认为学生应该在文理两个方面均衡发展，无论是数理化还是史地生都应有所掌握。在上大学后，这样的观念失去了存在的空间，因为高等教育科目实在太多，想要均衡发展无异于痴人说梦。培养目标重视单一的专才教育而忽视通才教育是我国高等教育人才培养的现状，想要改变这一现状具有很大难度。

2. 教学过程以传授知识为主，忽视创新能力的培养

第一，重视知识传授，忽视智力发展。在传统教学中，教师传道授业的方式

是向学生传授知识，而知识内容往往局限于教材范围内。这样的教学方式虽然能让学生学习到一定的知识与技能，但是所学内容的作用却十分有限，基本只能解释过去或者处理过去存在的一些问题，面对茫茫未来只能黯然失色。在时代更迭中，一些传统知识逐渐落伍，由于长期以来的教学过程忽视学生智力发展，学生掌握的知识与技能在未来的世界中变得毫无用处。有的教师认为，学生的智力不能刻意去培养，当其掌握与积累一定的知识与技能后，其智力自然就能得到发展。学生的智力的确是在潜移默化中逐渐提高的，但是通过对教学过程的调查可以发现，学生智力发展缺少良好环境的支持。首先，教师在对学生学习效果进行评价时，主要将知识掌握数量以及精确度作为标准，这就要求学生花费大量精力去记忆知识，并且还要完全按照大纲要求一字不差，长此以往，学生只会死记硬背，提高智力无从谈起。其次，"教师讲、学生听"是传统教学的突出特征。在这种教学方式中，学生处于被动地位，需要完全按照教师的要求学习知识，即使持有不同意见也会被湮没在"众口一词"的海洋中。这样一来，学生的自主性会进一步削弱，遇到问题不会自主思考，而是一味套用所学知识。最后，教学内容过于单一。教材是教师教学的知识来源，教学要求通常是让学生死记硬背。对于学生来说，教学内容的单一会弱化他们的学习兴趣，从而导致课堂氛围变得死气沉沉。很多教师坚持认为创新创业是件遥远的事情，学生不应该考虑这些事情，应该将精力放在知识学习上。这样的观点是孤立的、片面的、想当然的，如果教师不主动培养学生的创新创业意识，学生在进入社会后又怎能适应这个瞬息万变的社会？

第二，实践环节能力培养不足。在很多人的眼中，实践教学的目的是让学生将所学知识应用于实践过程中，从而培养学生的实践能力。但如果实践内容僵化不变、实践环节重复固定，则会对实践能力的培养造成极大的负面影响。实践能力不仅是解决问题的能力，还包括研究能力、探索能力等，只有这些能力均能得到发展，才能为培养创新型人才提供坚实支撑。实践环节不能草草而为，要经过细细思量，试验、实习、设计等过程缺一不可。但是现实情况却并非如此。随着高等教育大众化趋势的愈演愈烈，每年进入高校的学生有数百万之多，并且仍旧在持续增长。学生数量增多，而高校的实验室建设却滞后于增长速度，如很多高校的实验设备不仅落后陈旧，而且数量上也不能满足学生需求，造成很多学生不能切实参与到实验过程中。实习环节也没有经过精心设计，高校只是给学生安排了实习场所，而没有针对实习做出更加详细的安排，从而造成学生在实习中得不到良好培养，比如有的实习场所完全是将学生当作免费工人，让他们从事一些技能水平低、劳动强度大的工作，学生不仅学习不到有用的知识，其心理还会蒙上一层阴影。毕业设计缺乏相对应的考核体系，很多教师只是将毕业设计任务分发给学生，却没有对学生进行针对性指导，造成学生在完成毕业设计时多采用拼凑、模仿等方式，由于没有考核体系的严格把关，致使这些质量存在问题的毕业设计作品"蒙混过关"。

3. 师生关系不平等，影响了学生的个性发展

对于师生关系的研究一直在进行，因为教师和学生是教学过程的主体，两者的关系如何会直接影响到最终的教学效果。"师生互动"是教学研究中经常谈到的内容，而在针对"师生互动究竟好在哪里"的调查中，发现大部分学生认为师生互动最大的好处是交流。由此可以看出，懂得交流的教师更能得到学生的认可。但是这样的教师却是凤毛麟角，因而师生互动的质量通常会大打折扣。有调查机构分别对中国、美国以及日本三个国家的大学生进行了调查，尽管这三个国家在教育上存在差异，但相同的是大学生普遍对专制型教师没有好感，认为这样的教师独断专行，很少考虑学生需求与学习特征。教师作为知识传达者，的确在教学过程中居于主导地位，但是教师要想更好地引导学生，需要转变对待学生的态度，比如要学会理解学生，当学生犯错时，不是盲目苛责，而是要深入学生内心了解学生的真实想法，并能通过循循善诱的方式引导学生深刻认识到错误并改正；教师要对所有学生采取一视同仁的态度，不能以成绩优劣对学生进行区别对待，这样不仅会伤害学生的自尊心，还可能激起学生强烈的叛逆心理；教师与学生的交流不能仅局限于课堂之上，课后也应该建立联系，因为课后的氛围更加放松，更能让师生之间的交流获得良好效果；教师的幽默感会对师生交流产生较大影响，越是幽默的教师越能受到学生的喜爱，尤其是在课堂教学中，教师的饱含幽默感的语言能够让课堂气氛更加活跃；教师要像朋友一样与学生平等交流，也要像长辈、父母般地给予学生充分的关怀，在遇到苦难时伸出援手，在情感受伤时给予关心和疏导。

长期以来，由于教师一直居于主导地位，在一些学生心中，教师的话必须遵照执行。教师对学生的控制力如此之大的原因在于，一方面，教师在学生心中是知识权威；另一方面，教师是教学进程的安排与规划者，学生只有按照规划进行学习，才能得到教师的承认与赞许。古语有云："一日为师，终身为父。"在这句话中，教师与学生的关系不亲近，这句话认为教师管理学生、学生服从教师管理是天经地义的，即使学生有自己的想法也不能忤逆教师的意志。教师对"好学生"的定义是"成绩好、听话的学生"，只要"不听话"就会受到教师批评。培养创新能力要从培养创新思维做起，当学生的思维被教师压制、不敢或不能表达出自己的观点时，创新思维的培养就会成为空谈。

4. 创新人才的标准有失偏颇

人们在评判一个人是否为人才时，通常是看他是否具备较高的能力水平、是否能解决问题、是否能开启新的局面等。而对于创新人才的评判，更需要在时空上进行延长。传统的人才评判理念认为，智商水平是评判个体是否为人才的重要评价标准，这样的评判理念普遍存在于传统教学中，比如一些教师对聪明的学生更加关注，认为他们会在未来成为人才；相反，那些脑子较为迟缓的学生则被"打入冷宫"。从科学的角度分析，每个人都有成为人才的潜力，关键在于如何激发，如果教师不能平等看待每位学生，就会造成很多学生的才能被埋没，这从小的方面看是影响了学生的发展，而从大的方面看则造成国家人才队伍的损失。教育工作者要扮演好引导者这一角色，在一视同仁的理念下平等对待每位学生，让每位学生都得到充分激发潜力的机会。

5. 创新人才培养存在的误区

第一，创新教育超越素质教育。"创新教育"与"素质教育"是两个不同的概念，两者之间既存在联系又存在差异。素质教育站在全面发展的角度进行阐述，目的是让每个教育对象都得到全面培养。从育人角度分析，素质教育是达到更高育人水平的基础，而在具体育人过程中，要因人而异采用不同的育人方式，从而让每个教育对象得到良好培养。素质教育是现代教育理念的重要组成部分，其视角更为宽广，所涉范围更加宏大。相比而言，创新教育则更加具体，应该归属于素质教育，因为素质教育以提升教育对象诸多素质为目标，而创新教育只是针对其中的创新素质进行培养。另外，素质教育所对应的基本素质也会对创新素质的提升起到推动作用。以发展的眼光视之，创新素质是素质教育中的核心内容，创新素质的培养和提升是其他素质得到更好发展的推动力。创新教育属于素质教育，创新教育推动素质教育，反过来素质教育也会推动创新教育。

第二，提倡创新教育，淡化知识教育。创新教育固然重要，但如果没有扎实的基础，就会让创新教育成为可观而不可用的空中楼阁。很多高校存在着盲目开展创新教育的情况，比如有的高校将基础知识、基础理论教学抛之脑后，只是一味空谈创新。知识教育是创新教育的基础，只有将基础打牢，才能保证上层建筑的稳固。在一些高校中，创新成为一种逃避学习的借口，到头来创新只能沦为一种形式，没有任何作用可言。创新不仅需要强大的精神动力，还需要丰富的素材，而知识教育则是提供素质的源头。古语有云："读书破万卷，下笔如有神。"没有知识教育的"破万卷"，又何来创新过程中的"如有神"。创新思维的培养要杜绝心浮气躁、眼高手低以及好高骛远，学习基础知识、掌握基础理论才能更有底气，才能在学习新知识时进行更加深入的思考，而不是盲目认同、毫无自我研判。真正的创新与创造不是凭空而行，而是要有扎实的根基，正所谓"万丈高楼平地起"。国家大力号召的创新创业就是建立在厚实的社会基础上的，如果温饱问题尚未解决，创新创业的效果也会大打折扣。创新教育可以引导知识教育朝着正确的方向发展，比如如何进行知识教育、知识教育的内容规划等都应该从创新角度思考。在传统的知识教育中，学生所接受到的基础知识与理论通常只是为了应付考试，如果依然秉持这样的教育方式，知识教育就难以支撑创新教育的发展。在信息时代，社会对于创新型人才的要求会越来越高，这意味着知识教育也要做出调整，否则难以培养出符合时代发展的创新型人才。

第三，将创新教育和创造力培养等同起来。创新教育也是一种教育，具有教育的严谨性与复杂性，这要求高校在开展创新教育时一定要秉持严谨的态度，而后采取规范措施支撑创新教育的良好开展。在实际情况中，有很多高校将创新教育作为一种简单的形式，没有从教学格局层面进行规划，只是引入一些与创新相关的课程，并寄希望于通过这些课程来培养学生的创造力。这是对创新教育认识不到位的表现。创新教育中包含着创造力教育，但创新教育拥有更高的格局。创新教育会严格遵循以学生为中心的原则，会对学生的个性、学习特征、价值观念等进行深入研究，并以此为基础采取行之有效的教育方式。其教育目标不仅是让学生掌握某种知识以及具备某种技能，更重要的是让学生获得个性发展以及对生命质量进行深度思考。在创新教育效果的实际展现中，创新情境与氛围的塑造能力更能体现学生的创新水平，而那些具体的创造技能只是其中的一小部分。创新教育要大于创造力培养，如果将两者等同起来，则意味着创新教育格局的压缩。要想培养学生的创新意识与创新思维，关键要从整体上进行挖掘和培养，而创造力培养虽然能起到一定的效果，但作用是极为有限的，比如有的学生心灵手巧，经常搞一些小创作、小发明，可是并不能说明学生具有创新意识，更不能说明其具有创新能力。总而言之，创新教育所要实现的是精神、格局、意识等方面的质的飞跃，而创造力培养仅是其中的一种手段，所能提升的也只是某些创造技能。

第四，忽视学生在教育中的主体地位。创新教育是一种先进的现代教育，"以人文本"的思想更应该得到贯彻。通过对多所高校的调查走访发现，很多高校中的创新教育并没有做到以学生为中心，比如有的高校的教学方法、教学内容、教学手段等陈旧落后，造成学生游离在教学过程之外，从而难以得到良好培养；有的高校设定了创新教育模式，其中虽然包含实践活动，但是这些实践活动却有着规定的程序，学生只有遵照这些程序才能完成活动。创新教育应是与时俱进的，一方面其教育内容要紧跟时代发展；另一方面则要充分考虑学生的个性需求，并以此为基础开展个性训练。另外，创新教育中应该充满新奇的内容，一味地老生常谈不仅不能激发学生的学习兴趣，也难以让学生从创造中收获努力奋斗、奋勇创新后的喜悦与满足感。创新教育要想避免机械模仿与一味照搬，就需要教育工作者发挥想象力与创造力进行打造，因而开展创新教育不仅能培养学生的创新素质，也能让教育工作者的创新素质得到提升。

（二）培养模式单一，教学方法落后

"模式"可分为"模"与"式"来解读。其中，"模"的基本含义是"法"，来源于《说文解字》中的说法，即"模，法也"。"法"有效仿之意，效仿过程需要模具的支持，就如同铁器炼制需要用模具进行定型。在古代时期，模具的称谓会因为制作材料的差异而有所不同，根据《中文大辞典》中的记载，以木为材料的模具被称为"模"，以金为材料的模具被称为"镕"，以土为材料的模具被称为"型"，以竹为材料的模具被称为"范"。虽然称谓不同，但其中心含义是相同的。"模"的含义随着时代发展得到进一步丰富，除了本义之外还增加了一些引申义，比如《词源》中就记录了"模"的三层含义，第一层是"模型、规范"；第二层是"模范、楷式"；第三层是"模仿、效法"。在这三层含义中，前两层是名词词性，最后一层是动词词性。无论词性如何，"模"的含义仍旧以"事物的型、范或式"为核心，可以是某种方法，可以是某种标准，也可以是某种结构。"式"的含义为"样式、形式"，是描述外在呈现的词汇。《现代汉语词典》对"模式"一词的定义为："某种事物的标准形式或使人可以照着做的标准样式。"从这一定义中可以了解到，"模式"具有两层含义：一层为标准形式；另一层为标准样式。结合《辞海》对"模式"的阐释，可以进一步明确"模式"的含义。具体而言，标准形式主要体现的是事物结构，即以事物结构为标准进行仿制以及批量生产；标准样式主要体现的是操作标准，具有一定的指导作用。在具体使用中，"模式"一词不仅可以用于描述静态的理论模式以及操作样式，也可以用于描述动态过程的呈现，比如在人才培养模式中的"模式"所描述的是人才培养过程质态，包括如何设计、如何建构以及如何管理等。"模式"一词的应用范围十分广泛，通过对实际应用的研究可以发现，"模式"更多是作为一种高度抽象的理论研究工具出现在人们的应用中。

人才培养模式是一种形式、样式、结构，具有模式的一系列特征，同时人才培养模式也有独特之处。人才培养模式的形成需要经过多个阶段，总体来看，包括理论研究阶段与实践操作阶段。在理论研究阶段，理论内容、思想理念等具有较强的普遍性，不仅容易理解而且便于效仿；在实践操作阶段，培养活动在经过实践检验之后具有了较强的可行性，能够成为具有指导性的规范标准。人才培养模式的独特之处表现在以下六个方面：第一，遵循规律。高等教育语境下的人才培养模式需要遵循学校教育的多种规律，如个适规律、外适规律、内适规律等。

其中，个适规律指的是培养模式要与培养对象个性发展相适应，要充分贯彻以学生为中心的原则；外适规律指的是培养模式要适应社会发展要求，目的是培养出有用的社会人才；内适规律指的是培养模式要适应高等教育开展要求，保证高等教育的文化、结构、功能等实现协调发展。第二，具有目的性。构建人才培养模式的本质目的是培养出优秀的、素质高的、全面发展的、符合社会需求的人才，做到个人发展与社会发展的同步进行。第三，具有开放性。人才培养模式的适用领域广阔，除了高等教育领域外，企业发展、社会发展等也能进行应用，而且人才培养模式的改革与创新需要全社会的支持，这样才能构建出更加良好、更具促进作用的培养模式。第四，具有主体性。人才培养模式的实行主体是人，无论是设计主体、组织主体还是培养主体、管理主体，都需要充分调动人的主观能动性才能保证人才培养模式正常运行，从而发挥应有的作用。第五，具有多样性。人才培养模式所培养的人才类型应是多样的，目的是满足不同领域的人才需求。在新的时代，经济社会发展在人才需求方面呈现出愈加强烈的多层性与多变性，这要求人才培养模式进一步增强其多维性与多样性。第六，具有保障性。人才培养模式的实行需要得到资源保障与制度保障。其中，资源保障包括人力资源保障、物质资源保障以及精神资源保障等；与之相比，制度保障具有更高的重要性，因为只有制度足够完善，人才培养模式才能在实施中有法可依、有理有据。

在创新教育视域下，我国高校的人才培养模式存在着很多问题，比如多数高校的人才培养模式基本相似，没有根据本校特色以及社会需求进行针对性设计，因而造成所培养出的人才不能满足社会需求，不仅浪费了教育资源，还导致原本严峻的就业形势更加雪上加霜。课程设置、教学方式、评价模式等是人才培养模式构建中要重点关注的几个方面，比如在课程设置上，不能一味照搬从前，而是要秉持融合发展、开拓创新的态度，对课程内容、课程结构等进行重新规划，对已经落后陈旧的知识实行革新、根据学生特点调整课程结构等均是课程设置与规划的重要措施。大学生就业难的原因主要表现为专业结构不合理、知识容量不充足、综合素质不达标等，进而影响到大学生在就业市场上的竞争力与吸引力，而造成这样状况的主要原因则是高校人才培养模式陈旧落后。

（三）学科设置不合理，缺乏特色

创新型人才是社会取得突破性发展的重要支撑。这类人才不仅学富五车，对已存在的知识了如指掌，还能在所获知识的基础上进行创新，构思出新的解决问题的方法。思维开阔、敢于推陈出新是创新型人才的突出特征，而要想培养出这样的人才，需要在多个方面进行严谨规划，但是很多高校的学科设置存在设置不合理且缺乏特色的问题。

1. 课程设置内容不合理

课程设置建立在划分专业的基础上，课程设置完成之后还需要做好学时分配，而当前很多高校存在专业划分超过一定限度以及学时分配不合理的问题。首先从专业划分角度分析。不同专业之间具有一定联系，而在人际情感、文化渗透、思想政治引导等方面的共通性会更强。由于传统文化观念的影响，高校课程设置存在"重专业知识、重技能培养而轻融合"的现象，这与现代教育理念存在较大冲突。在现代教育理念中，不同学科之间重视融合，尤其是一些前沿学科，更是处于融合的主要区间。简单谈论传统教育与现代教育的"孰是孰非"是毫无价值的，因为两者均具有优势和劣势，比如在传统教育中，"轻融合"客观存在，但不同学科之间的联系却也是切不断的；相比而言，现代教育注重学科融合，但同时也存在着学科高度分化的现象，让原本具有紧密联系的学科变得支离破碎。观念不同，所造成的结果也会不同，而在创新型人才培养视角下，现代教育固然可以通过学科交叉培养学生超越原有专业范围的能力，可专业划分太过精细也会影响学生对知识与技能的统筹性理解。其次从学时分配角度分析。通过对目前我国高校教学计划的调查发现，其他文化类课程总计可以占到总学时的29%，尽管近些年来我国高等教育已经做出了一定调整，但想要改变原先的学时分配尚需时日。最后文化课程与专业课程学时分配不合理的情况造成学生文化功底薄弱以及专业能力有限，比如一些高校在开设专业课程时往往只是从当前市场发展情况入手，而没有对专业课程的发展前景进行全面科学的调查，造成培养出的学生只能在小范围内发展，一旦市场发生变动，随时会面临失业风险；文化功底薄弱和高校急功近利追求专业人才培养密切相关，造成培养出的学生虽然技能水平出众，但人际交往、情商能力等实为堪忧。

另外，我国高校的课程内容还存在理论先进但技术落后、内容丰富却不成体系等问题。现代科技发展日新月异，新型知识层出不穷，但是这些知识却很难第一时间融入课程内容中，从而造成课程内容与技术发展脱节。课程内容的革新需要课程体系的支持，虽然岁月变迁、时代更迭，但这一课程体系却没有发生太大变化。这样一来，我国高校课程内容的革新速度就会减缓，比如在理科课程中，很多从 20 世纪以来取得的科学成就很少融入课程内容中，有的内容虽然出现在目前课程内容中，但只限于简单地介绍以及核心知识的直接罗列，并没有从更深层次进行分析和探索，如离散数学、系统理论、非线性理论、量子化学、分子生物学等。科学技术与课程内容的脱节对创新型人才的培养造成了严重阻碍。以计算机课程为例，根据相关调查，我国有五成左右的高校仍在使用五年前的计算机教材，要知道计算机技术的更新换代是极快的，像 Word、Excel 等知识已经融入了很多新的内容，但有一些高校还在重复旧知识。更有甚者，有些高校大学生竟然对一些新型技术闻所未闻。这样的课程内容与世界先进水平存在较大差距，如果不能及时革新，这样的差距会继续表现在科学技术领域，导致我国的科学技术水平长期落后于其他国家。

2. 学科设置缺乏特色

高校是培养人才的主基地，高校办学水平如何会直接影响到人才培养质量。办学水平的影响因素有很多，比如人才培养任务的定位、学科设置与社会需求的联系度等。高校类型众多，按办学层次可以分为"985 工程"院校、"211 工程"院校、中央部署本科院校、省属本科院校、高等院校；按教育性质可以分为普通高等教育、成人高等教育、高等教育自学考试、电大开放教育、远程网络教育；按学科范围可分为综合类院校、理工类院校、师范类院校、农林类院校、政法类院校、医药类院校、财经类院校、民族类院校、语言类院校、艺术类院校、体育类院校、军事类院校、旅游类院校等。不同类型的高校具有不同功能，而要想切实发挥自身功能，则需要从本校特色入手进行办学，通过将本校特色发扬光大来打造自身竞争力。但是在实际情况中，很多高校的学科设置呈现出同质化特征，几乎每个高校都会开设会计、计算机、英语、物流等专业，这样虽然扩大了学生的选择空间，可是专业的多而繁反而分散了高校教育资源以及办学精力，造成每个专业都发展平平，原先具有特色的专业也不再具有竞争力。

以英语专业为例，通过对英语专业人才培养进行研究可以发现，英语专业在学科设置层面存在以下问题。第一，培养目标趋同。在对多所高校英语专业培养目标进行调查后发现，培养目标呈现明显趋同特征，比如"掌握语言基础""培养高素质应用型人才"等均是培养目标中会提到的内容，而在这些目标的指导下，英语专业设置也趋于相同，这样一来，所培养出的英语人才就会缺乏特色。不同高校拥有不同的办学实力与专业发展情况，而对于那些规模较小、办学实力较弱的学校来说，"办成一流专业或者国际性专业"的发展目标与自身实际情况是极不相符的，正确的做法是基于自身情况制定切实可行的目标，从而在逐渐发展提升自身实力。需要注意的是，当前制定的人才培养目标存在很多笼统的表述，比如"培养综合素质人才"中的综合素质具体指哪几种素质并没有进行具体阐释，这样会使培养目标的指导性被严重削弱。第二，培养模式单一。虽然英语专业教学在我国拥有上百年的发展历史，但是某些观念却较为落后，比如很多高校在开设英语专业时，仍然仅将其作为一种语言工具。实际上，英语专业的内涵是极为丰富的，培养会说英语的人才只是初级要求，更重要的是将英语专业与其他领域进行结合，以培养更加专业的英语人才。当前，很多高校英语专业的培养模式呈现单一化特征，课程设置如出一辙，尤其是在应用型高校中，仍然采用研究型高校的培养模式，从而造成培养出的人才缺乏特色与个性。课程设置是提升教学质量的重要环节，优秀的课程设置虽然在课程种类上没有太大区别，但能通过灵活的搭配展现出不同特征，从而展现出突出的个性化培养效果。实践环节虽然屡次被强调，但在实际教学中通常只是局限于某个形式，而这样会影响实践环节的开展效果，从而对学生的理论联系实践进程造成阻碍。第三，师资力量薄弱。在高校扩招政策的影响下，招生人数大幅上涨，但是师资力量却没有以同样的速度增长，从而造成师资力量难以满足英语专业的教学需求。通过调查分析可以发现，英语教师的年龄层次集中于35岁以下，这说明很多英语教师的教学经历是短暂的，就会在教学经验方面较为匮乏；英语教师的职称主要集中于副教授和讲师层次，缺乏教授与助教，其中教授是知识与经验的集大成者，而助教则是全方面服务教学的重要力量；英语教师的学历以研究生为主，较为缺少博士学位教师；很多英语教师都是来自本校，这对于英语专业的发展会产生很大的负面影响，导致教学观念因循守旧、教学方式墨守成规。第四，办学条件欠佳。英语专业前期的办学投入虽然较少，但是后续也需要足够办学资源提供支撑。现实中，很多高校虽然开设了英语专业，在分配办学资源时更倾向于主导专业，比如体育类院校会更加重视体育类专业、理工类院校会更加重视理工专业等，因此英语专业建设难以得到充分支持。还有些高校在开设英语专业时没有结合自身办学条件，从而造成英语教学难以正常开展，比如语音教室是培养听说能力的重要场所，而建设语音教室需要先进设备的支持，如果资金不够充足，则会影响语音教室的建设质量。

（四）财政投入不足，制约了创新人才培养的实施

高等教育的发展需要政府财政的大力支持，这是提高人才培养质量、培养更多创新型人才的重要支撑。20世纪70年代到90年代期间，我国正处于经济发展的探索期，每年政府所拨付的教育经费仅占全年国内生产总值的2%左右，再加上我国人口众多，人均教育经费更是少之又少。随着我国经济发展在不断探索中取得巨大成就后，政府在教育方面的投入总量逐渐提升，但预算内教育经费占财政支出比例和国家财政性教育经费占国内生产总值比例却呈现不稳定状态。另外，省级地区经济发展的不均衡也造成了教育投入的差异。

政府财政投入的不足会带来诸多问题，比如高校开展实验教学必须用到实验设备，而开展一些尖端高科技研究时，所需要的实验设备品质更高、场地更大，如果资金不到位则会阻碍实验教学的高品质开展，从而使一些研究长期停留在理论层次。另外，高等教育所需费用的持续走高，会让很多家庭贫困的学生错失上大学的机会，而这种思想一旦产生在贫困家庭中，会有很多学生过早结束读书生涯，开启漫长的打工之旅。有些家庭条件一般的学生在进入大学后，会在经济负

担的压力下产生内疚感，而这种内疚使他们无心学习，想要赶快毕业后找工作挣钱，来减轻日渐年迈的父母所承受的压力。在这样的情况下，他们对创新创业教育的理解会产生偏差，会认为创新创业在毕业之后才会有所涉及，在校期间并不需要太过关注。

（五）评价体系不完善，淡化了师生创新

1. 不合理的教师评价机制制约着教师的创新能力发挥

我国高校的教师评价主要采用以下几种方式。第一种为等级评估法。等级类型包括优秀、良好、合格以及不合格，在确定教师等级时需要对教师的工作表现进行评估，然后以评估成绩作为评定等级的标准。第二种为强制比例法。这一种方法所利用的原理是正态分布原理，在实行时需要制定优秀、不合格等标准以及设定每一区间内的人员数量，而后按照标准进行分类。第三种为序列比较法。该方法首先需要制定统一的考评体系，而后对所有考评人员进行评估，评估结果会成为教师岗位等级升降的标准。这几种评价方式均属于终结性评价，存在以下问题。

第一，评价标准主观片面，不能充分体现教师劳动的特点。高校教师所面对的学生是思想更加成熟、知识更加丰富的大学生，他们在开展教学时需要采用有别于中小学阶段的教学方式，既要充满创造性，目的是激发大学生的学习兴趣，又要具有挑战性，目的是带给大学生学习的成就感，从而能在学习中投入更多精力。因而可以说，高校教师的教学进程更加复杂，那么与其相对应的教学评价也应该从多个维度进行考量。但是当前的教师评价存在以下不足：首先，很多评价标准缺乏足够的操作性，难以切实发挥评价指导作用，比如在素质教育评价中，对于"素质教育"的本质尚无统一的定论，与其相关的评价标准更是众说纷纭，要想获得有价值的评价结果，还需要进行更加深入具体的研究；其次，很多评价标准不够全面，只是集中从某一个方面进行评估，而对其他方面没有涉及，比如创新性教育评价中，教学内容、教学方式等是否革新只是教学进程层面进行评估有所关联的几个方面，但这样只能片面反映当前教学进程的优劣，却不能从

整体上反映创新教育水平；最后，很多评价标准存在"重成绩、轻过程"的现象，比如教师的教学成果通常被作为评价指标，而教师的工作态度却遭到忽略。

第二，评价缺乏充分的理论依据，并且多关注教学行为。在对教师进行评价时，通常是将过往评价中总结出的评价规律、评价标准等作为依据，但是这些依据的正确性、可行性等却很少得到证明，因而所获得的评价结果也会缺乏说服力。另外，简单罗列评价标准与评价指标的现象也普遍存在，虽然从表面看来，要完成评价过程需要经过一定程序，但实际过程却是十分混乱，如难以区分指标的重要程度、难以确定指标的权重等，进而造成评价过程中出现拼凑百分数与权重系数的情况。教师的教学行为具体且直观，但是在评价过程中，教师会为了获得良好评价结果而有意识地增加积极教学行为且减少消极教学行为的出现，这样就会使最后的评价结果难以准确反映教师的教学行为。为了应对这样的情况，应该在对教师教学行为进行评价时引入过程性评价方式，对教师平时的诸多行为进行评估，应将教师教学工作中的主动性、团队合作、工作奉献精神等均作为重要的评价指标。

第三，评价重形式而不重实质。教师评价中包括多种多样、涉及多个方面的评价指标，而这些指标在运用时通常采用量化方式，很少对其内涵进行深入探析，从而造成很多评价指标缺乏足够的可信度，所获得的评价结果也会出现意义贬值的情况。

2. 不合理的学生评价机制有碍于学生创新能力的培养

综合得分高可以反映出一个学生在各个方面得到了优秀且全面均衡的发展，但从个性发展角度分析，均衡发展是个性发展的阻碍。尤其对于某一方面特别出众的学生来说，如果过于追求均衡发展，则会阻碍其最出色一面的更好发展。

第二节　高校创新人才培养的地位和作用

一、创新人才在创建创新型国家中的作用

（一）创新型国家的内涵

创新型国家具有强大的发展潜力，主要表现在科技发展战略层面的超前性。在当今时代，国家之间的竞争归根结底是科技实力的竞争，而科技实力的提升要依靠创新型人才的培养。一般而言，创新型国家具有四个特征：一是创新投入高，即国家在科学研究层面投入较大，包括政策投入、资金投入等，具体到资金投入方面可以占到国内生产总值的 2% 以上；二是具有较高的科技进步贡献率，可以达到 70% 以上；三是具有强有力的自主创新能力，对外技术依赖程度保持在 30% 以下；四是创新产品创造的产值较高。

世界上每个国家都具有独特的特点，因而所选择的发展道路多种多样，但终极目标都是实现现代化。中东地区的国家拥有丰富的石油资源，这些国家凭借石油优势成为产油基地，获得了可观的国家财富；一些国家与发达国家建立了紧密的联系，凭借着自身所掌握技术的独特性获得了广阔的市场；一些国家十分注重科技创新，凭借着强大的科技实力居于世界前列。

（二）我国创新人才在创新型国家建设中的作用

国务院在未来的发展规划中着重提出要将科技进步与创新作为重点发展对象，以期为全面建设小康社会、构筑"中国梦"以及实现中华民族伟大复兴提供推动力。当然，发展措施的制定要紧密贴合我国基本国情，就应该从创新型人

才培养做起，而后以人才为基础促进经济结构、经济增长方式等方面的创新转型，进而为进一步提升国家竞争力提供坚实支撑。我国产业发展中，技术依赖、外来技术垄断等情况普遍存在，这是遏制我国产业结构转型升级的重要因素。要想改变这样的情况，需要制定出行之有效的建设创新型国家战略，并通过切实落实发挥其作用。人才是核心竞争力，建设创新型国家需要培养出足够数量的创新型人才，并要构建具有长效作用的培养机制。具体需要从以下几个方面做出努力。第一，要营造尊重人才、尊重知识的良好氛围，鼓励有识之士敢于研究、敢于创新、敢于挑战，让他们能够充分发挥自身潜力，从而在建设国家、发展自我的道路上做出突出贡献。第二，要抓住当前国家对于创新方面的迫切需求，循序渐进且有目的地培养创新型人才。我国在培养创新型人才时要遵循实事求是的原则，不能好高骛远，要脚踏实地一步步地进行培养与发展。第三，要遵循创新型人才的成长规律。培养创新型人才的任务与使命不能全部由高校来承担，各主体要在学生学习的各个阶段给予足够重视，并调动各方力量参与其中。第四，为创新型人才提供用武之地。创新型人才的价值只有在发展中才能得到体现，如果没有展示自己的机会，创新更无从谈起。创新型人才可以在多个领域发挥作用，如科学研究领域、商业领域、教育领域等，而无论是哪个领域，关键是要切实发挥作用并能由此获得认可以及令人满意的收益，如果仅是"挂羊头卖狗肉"，就会削弱创新型人才的精神动力。第五，完善创新产品保护立法，用法制的力量保护创新型人才的合法利益不受损害。创新产品是创新型人才的智慧结晶，如果轻易被他人攫取，就会对创新型人才的创新动力产生巨大影响，因而通过立法保障人才利益是必须完成的任务。国家的发展需要一代又一代人才的支持，只有构建完善的创新型人才培养机制，才能促进创新队伍的发展壮大，才能为建设创新型国家提供有力支持。当前，国家级创新人才已经不能满足时代发展的需求，要将国际一流科技尖端人才、国际级科学大师、国际科技领军人物等作为人才培养目标，这是推动我国科学领域步入国际先进水平的必然要求。我国的科技事业正处于发展跨越的重要时期，需要一大批有志气、有抱负的科技工作者提供支持，尤其需要中青年的创新型科技人才的支持，从而为我国科技事业发展注入强大活力。

二、高等院校在创新人才培养中的地位

高等院校是我国教育领域的最高学府，其不仅有良好的基础设施，还拥有民主自由的学术氛围。高校的师生关系更加平等，交流沟通更加顺畅，因而学生的思维空间得到了拓展，能够自由获取新的知识与新的思想，并通过自主思考与创新产生新知识与新思想。大学生的认知水平进一步增强，会进一步明确自己想要的生活，从而能在学习与生活中更有方向感。总而言之，高校是培养人才与塑造人才的基地，同时在知识创造中也发挥着重要作用。我国高校在国家级科研项目研究开展中承担着重要责任，除了专项的科研机构外，高校实验室也成为重要的研究基地。实践表明，建设创新型国家离不开高等院校的支持。

（一）高校是知识创新的主体，是科技产业化的实践者

19 世纪初期，德国著名的教育改革家、柏林洪堡大学的创始者威廉·冯·洪堡提出了在高等教育中进行科学研究的想法，目的是让大学生通过科学研究获得更有价值、更加纯粹的知识。在威廉·冯·洪堡办学思想的影响下，高校除了要承担开展高等教育的职能外，还需要进行科学研究。在今天的高校中，教师不仅需要完成教学任务，还要参与到科学研究中，目的是促进知识创新，进而为科技创新提供支持。高校与社会的联系更加紧密，原因主要在于以下几点：第一，高校需要基于社会需求选择科研项目以及培养相应人才，从而保证科学研究和人才培养具有意义；第二，高校的科学研究和人才培养结果需要在社会中得到转换与利用。在知识经济时代，高校在知识方面的优势会更加凸显，如何将这些优势体现在科学研究与人才培养中是高校所要研究的重要问题，直接关系到高校在建设创新型国家中的地位与作用。高校进行的科学研究可以分为基础研究与战略高技术研究两个层面，而无论哪个层面，要想获得良好的研究效果，需要建立在自由探索的基础上，促进高校切实成为知识创新的重要主体。高校大学生是智力选择后的"优质品"，无论是学习能力还是探索能力都处于较高层次，因而在人才

培养中，不能仅重视知识的灌输，还要通过培养探索能力提升大学生创新意识。

（二）高校是创新型人才的培养基地

建设创新型国家需要建立在拥有足够创新型人才的基础上，而培养创新型人才的重任主要由高校来承担。高校拥有良好的教学环境，大学生在进入高校后可以拥有更多的自由空间，不再像中学阶段完全听从教师的安排。大学生可以基于自身兴趣选择专业以及安排选修课程，并且可以自主参与到某些研究项目中。在创新型人才培养中，创新精神的塑造是重中之重，而高校可以为这一目标的实现提供支持，如教师能够通过营造良好的创新氛围激发大学生的积极性、主动性以及创造性；高校可以为大学生提供创新实践场所，让学生在实践中形成创新精神与创新意识。在长期发展中，高校已经集聚了一批知识渊博、科技创新能力突出、品德修养水平高的研究者，他们可以在大学生培养中发挥重要的引导作用，并且在潜移默化中完成"传帮带"的使命。

（三）高校是先进科学技术的传播者，是先进文化的培育者

高校是一个国家的"门面"，高校的发展水平能够反映出国家的发展情况。我国拥有很多历史悠久、成绩斐然的高校，如清华大学、北京大学等。这些高校凭借着深厚的人文底蕴吸引着莘莘学子的目光，并且大力进行科学研究，成为先进科学技术的传播者以及先进文化的培育者。随着全球一体化发展成为主流，不同文化之间必然会碰撞在一起，高校应该为不同文化的碰撞提供交流与沟通的平台，这一方面可以为研究世界多极化、经济全球化等提供支持，另一方面则能够为培养国际性创新型人才创造条件。

第三节　高校创新人才培养的必然性和必要性

高校创新人才培养是建设创新型国家的重要基础，是满足国家各个领域发展以及不断革新的必然进程。在当前这个国际竞争日益激烈的时代，一个国家要想脱颖而出，就要创新，杜绝因循守旧、墨守成规。我国虽然地大物博，但在人口数量的巨大压力下，只有不断向前发展才能摆脱贫穷落后的面貌，才能洗刷近代遭受的屈辱，真正实现中华民族的伟大复兴。

一、高校创新人才培养是知识经济时代的迫切需要

在知识经济时代，知识创新与知识创造成为经济发展的重要推力，而进行知识创新与知识创造的是人才，只有培养出足够的人才，才能使这一推力更加强劲、更加具有推动效果。培养与提升自主创新能力是知识经济时代我国获得长远发展的迫切需要。人才培养是一个漫长的过程，关键在于找到正确的培养方向与目标，考虑到我国当前国情，开展创新教育需要逐步在各大高校贯彻落实，要站在国际竞争和全球格局的立场上考虑问题，目的是培养出合格的国际性创新型人才，为增强我国的国际科技交流合作能力奠定基础。

二、高校创新人才培养是高等教育改革与发展的必然

随着素质教育改革的深入进行，高等教育做出了多项革新，其中就包括创新教育的开展。从上文的论述中可以了解到，素质教育是创新教育的基础，只有素质教育得到贯彻落实，才能为培养高素质创造性人才提供有力支撑。高等教育的改革与发展应与现代教育理念相契合，不仅应重视知识传达，还要将提升个体素质、发展个性特长作为重要目标，这样才能为强化大学生的综合素质以及培养创新精神奠定坚实基础。由此可见，高校创新人才培养是高等教育改革与发展的必

然，是人才培养模式重新构建的支撑。人才培养从来不是"小事"，而是一项事关国家发展、民族兴亡的系统工程，高校只有站在全局上构建创新人才培养模式，才能使创新教育发挥应有作用。

三、高校创新人才培养具有较强的现实针对性

创新是国家发展的动力，只有敢于创新才能使国家摆脱落后面貌，获得更好的发展结果。创新不是凭空形成的，而是在创新教育中生根发芽以及茁壮成长的。从目前的就业形势看，大学生的就业压力在不断增大，究其原因，岗位用人要求的持续提升是主要原因之一，原先的专业人才已经不能满足岗位需求，应用复合型人才成为急需对象。尽管就业市场在不断变化，但高校的人才培养模式却没有及时进行调整，"重继承轻创新""重灌输轻发展"等培养观念依旧在发挥主导作用，从而造成培养出的学生不仅专业知识与技能单一化，而且缺乏创新意识与创新精神。高校创新人才培养中要注重学生多方面素质的提升，比如要将创新与应用能力结合起来，这样有利于通过实践培养创新素质，使学生既具备足够的实践能力，又能根据实际情况灵活做出应对。高校终究要通过社会来体现其作用，而创新教育的开展可以拉近两者之间的关系，让学生基于社会经济发展状况开启研究高新技术的进程。

四、高校创新人才培养能够展现创新教育的优势和特征

我国高等教育在改革开放后逐渐由精英化向大众化转变，越来越多的学子可以接受高等教育，为改变自身命运以及谋得更好发展提供支撑。每年的高校招生数量在不断提高，但高等教育质量却不能令人满意，比如很多高校的专业设置呈现出盲目化特征，导致高校因专业设置不符合社会需求而影响了人才的培养与发展。高校创新人才培养是开展创新教育的目标，这一教育能够转变传统教育模式中重理论、轻实践的弊端，让学生依托过往知识并结合社会需求进行创新。创新教育的优势在于重视学生独立思维能力、创造力、解决问题能力等方面的培养，并且会结合社会需求开展实践指导，从而使大学生成为具有探索精神与创新意识的精英人才。

第四章 高等教育国际化背景下创新人才的培养和评价分析

第一节 创新人才培养的培养模式

一、创新人才培养模式的内涵和界定

(一) 创新人才培养模式的内涵

高等教育的发展最早可以追溯到中世纪，在之后的发展过程中，经过英国、美国等国家的高校的不断完善，逐渐形成了现代高等教育的三项职能，具体为：一是育人培养；二是生存能力；三是科研研究。创新人才培养模式中的"培养"主要指的是教育者向被教育者传授科学文化、生存的技能。一位学者认为，创新人才培养指的是促使人才实现创新人才培养目标。从创新人才培养的本质来看，其是一个以创新人才为目标，所有相关工作项目、工作内容以及工作环境等相互组成的综合过程。该过程主要包括：一是确定培养目标，包括整体目标以及具体目标；二是制定相应培养方案，包括为实现培养目标所必须进行的各个方面的培养项目、工作内容以及培养步骤等；三是为培养计划和方案的制定做好准备条件，完成所有必需的相关工作；四是制定能够保障各个环节相互衔接以及正常运行的秩序；五是对培养过程中的各种问题进行协调或者进行研究解决；六是对培

养过程进行实时监督和检查；七是对培养的结果进行验收以及评估；八是对各种反馈信息进行掌握。

（二）创新人才培养模式的界定

我们可以将创新人才培养模式中的"模式"理解为一种规范性，指的是对事物进行定性过程中产生的状态。对于高校来说，创新人才培养模式是高校发展的基础，是高校更好地适应社会发展、经济发展等方面的关键所在。

创新人才培养模式，主要指的是以创新为教育目标、教育理念，同时遵循一定的程序，促使学生的知识、技能、能力以及素质得到提高，最终使学生达到预期培养目标的一种模式。目前，高校的创新人才培养模式主要表现出以下特点：一是目标性特点；二是灵活性特点；三是多样性特点；四是前瞻性特点；五是稳定性特点。因此，创新人才培养模式对于我国实施科教兴国战略、提升我国国际竞争力来说有着十分重要的意义。

二、国内高校创新人才培养模式

（一）国内创新人才培养模式

高校创新人才培养是我国创新体系的重要组成部分，我国近年来一直在对创新人才培养模式进行研究。

1. 我国创新人才培养模式的改革历程

我国创新人才培养模式的改革历程可以分为以下三个阶段来进行分析。

第一个阶段是起步期。在中华人民共和国成立初期，我国为了能够满足当时社会主义建设的需要，颁布了一系列相关政策和法律法规。1950年，我国颁布了《高等学校暂行规程》，1961年又颁布了《教育部直属高等学校暂行工作条例（草案）》。这种更加趋向于培养专业人才的人才培养模式在短时间内为当时的中国培养了大量的专业人才，为我国的发展奠定了一定的基础。但是这种模式强调技术教育、忽视人文教育，重视智力教育、忽视道德教育，重视知识和技能传授、忽视培养学生的能力。不可否认，这种培养模式在特定的历史社会背景下确实能够发挥作用，但是随着社会主义建设的推进，这种培养模式的弊端愈发凸显，因此很多学者在研究过程中提出了改进的建议。

1977 年，我国恢复高考，在此之后我国教育领域对创新人才培养进行了研究和讨论，指出应该将提高人才培养质量作为重点工作内容，各大高校的教学工作也需要围绕这一点来开展。1985 年，我国教育部指出当时高校实行的人才培养模式并不能够有效地培养学生的独立思考能力以及独立解决问题的能力，导致学生在毕业之后远远不能够满足社会发展的需求。同时还有一些学者提出，人才培养模式存在的问题需要从教育内容、教育方式、教育理念等方面进行改革，改变当时人才培养模式与社会发展实际之间脱节的局面，从而开创出教育工作的新局面。

1992 年，我国发布了《全国教育事业十年规划和"八五"计划要点》，其中突出强调了需要重点培养学生的基础知识、人文素养以及创新能力。在这一时期，我国高校的人才培养模式还属于传统培养模式，尚没有提出"创新人才培养"这一概念。

第二个阶段是酝酿期。进入 20 世纪 90 年代之后，我国教育改革要求随着社会发展需求的变化而不断改变，我国高等院校开始尝试对人才培养模式进行改革。

1993 年，国家教育委员会（教育部的前身）发布了《关于加快改革和积极发展普通高等教育的意见》，该意见的发布对我国高等院校的人才培养模式产生了影响，成为我国高等教育重要的培养目标。1994 年，我国发布了《国务院关于〈中国教育改革和发展纲要〉的实施意见》，其中强调要不断提升我国高等教育的教育质量，即不仅要培养专业技术类人才，还要重视复合型人才的培养。1995 年，科教兴国战略的提出自此确立了科技以及教育在社会发展中的地位。同时，科教兴国战略的提出，标志着我国将创新人才培养放到了最高位置，自此我国开始了创新人才培养的发展之路。1998 年，我国颁布了《中华人民共和国高等教育法》，该法律中明确指出，高等教育的任务是培养具有社会责任感、创新能力和实践能力的高级专门人才。总的来说，在这一时期，我国制定出了一系列相关政策来对创新人才培养模式进行改革和创新。

进入 21 世纪之后，随着社会、经济、文化以及科学技术的发展，创新人才培养有了新的要求，同时一个国家创新人才培养整体发展水平也成为国家整体人才发展水平的重要衡量标准之一。

经过多年的实践探索，我国的高校已经构建了一套适合我国实际情况的创新人才培养模式，整体培养水平也在不断提高。但是我国当前的创新人才培养模式依然存在着不少的问题。因此，要想实现从教育大国向教育强国的转变，就要不断加大创新人才培养模式的改革力度，提高高等教育的教育质量，培养出更多高素质、高水平的应用型人才和创新型人才。这是我国当前面临的主要问题之一。

2. 中华人民共和国成立之后几种典型创新人才培养模式

中华人民共和国成立之后，在不同阶段，我国高校的创新人才培养模式有着不同的变化。

首先是知识型创新人才培养模式。从中华人民共和国成立初期到 20 世纪 80 年代初期，这一阶段，我国社会急需大量的知识型人才。在这样的背景下，我国高校逐渐开始培养更多的知识型创新人才，形成了知识型创新人才培养模式。这样的创新人才培养模式具有以下特点：一是各个高校使用的教材是国家统一制定的教材，同时学习课程、教学计划等也是国家统一制定的。二是高校强调的是学生在学习期间应该掌握更多的理论知识以及技能，因此高校偏向于培养学生的理论知识和技能，培养目标是培养出更多的专门人才。同时，当时的高校还强调学生和社会中的企业、行业等要实现对口，因此实行毕业分配制度。三是在高校内部，高校要求教学要以专业为单位、以教师为主导、以教材为基础，实行的是灌输式教学。当时的高校普遍认为，学生只有知识丰富才算是人才。另外，当时的社会也主要以知识掌握的多少来衡量一个人是否为人才，一些地方甚至将知识的多少作为人才评价的唯一标准。

其次是能力型创新人才培养模式。从 20 世纪 80 年代初期到 80 年代中期，这一创新人才培养模式逐渐形成。该模式从原来的知识培养逐渐向培养学生的智力以及能力转变。自改革开放以来，我国高校与国外高校之间的交流和合作逐渐增多，因此受到了国际高等教育的影响。

最后是素质型创新人才培养模式。该模式强调学生综合素质的发展，即智力和非智力的全面发展。目前，很多研究都表明，尽管能力和知识对于人才来说十分重要，但是其并不是人才培养的全部内容。如果高等教育仅仅局限于培养学生的智力因素，忽视了培养学生的道德、思想、身体以及心理等方面的素质，就会导致学生无法实现全面发展，很难培养出创新型人才。这是因为，大学生的创新能力并不是一种智力，而是一种精神状态，学生的创新意识和创新思维都会影响到创新能力。在这样的形势下，我国很多高校开始不断探索素质型人才培养模式，并且取得了一定的成果，如武汉大学的创新、创造以及创业的创新人才培养模式，北京大学的跨学科交叉创新人才培养模式等。

第二节　创新人才培养的影响因素

一、创新培养体系的影响

（一）培养体系的构建角度不合理

社会对教育改革的呼声越来越大，而高校也在这样的形势下进行了相应的调整和改变，但是从目前"培养方案+X"的模式分析，其只是在表面上增加了一些创新内容，而并没有从能力培养的角度出发来建立完善的培养体系。

创新培养体系的构建与实施需要考虑多种因素，该培养体系的构建应该具有系统化特点，这样有利于从整体上进行设计与调整。创新的培养模式并不是固定不变的，需要随着时代的发展而进行革新，如果培养体系缺乏系统化与层次化，则会增加调整难度，进而出现落后于其他高校的情况。我国国内的高校数不胜数，它们之间的关系有合作也有竞争，但是最终还是会落实在竞争上，如果某所高校的培养体系不够合理，则会逐渐失去竞争力。很多高校在构建创新能力培养体系时，所选择的角度与方式存在不合理的情况，比如当前的"培养方案+X"模式中，高校并没有对原先的培养方案进行大的改动，只是在教材内容、教学方式、教学手段中加入了一些创新内容，但是在教学实践中这些创新内容却通常被忽视或者落实不到位，进而导致创新能力的培养成为空谈；在科研能力的培养中也是这种情况，虽然高校开展科研实践活动越来越频繁，但是在科研设施、科研项目以及科研资金等方面都存在落实不到位的情况，进而影响了学生参与科研实践的兴趣与动力。

创新培养体系的构建需要从能力培养的角度出发，比如在培养目标的设定上不仅要突出能力培养的需求，还要按照目标层次性的要求来实行。在创新教育的目标体系中，其层次化特点表现为将目标分解为多个小目标，各个小目标之间存在相互依存的关系。在创新能力的培养中，其目标包括创新意识的培养、创新精神的培养以及创新思维的培养等，这几个目标虽然独立存在，但是也需要在培养过程中互为结合。除此之外，由于每个学生在思维方式、学习能力等方面存在差异，在创新能力的培养体系中需要将这些个性化因素考虑在内，具体的实施方案会因此更加复杂多变。在"培养方案+X"模式中，大学生接受的创新培养比较分散，缺乏明确的目标体系进行引导，这也在无形中增加了教师的教学难度，从而使创新教学的质量受到影响。

（二）培养方式与教学设施难以满足培养需要

在创新人才的培养过程中，教师所采用的培养方式应该充分体现以学生为本的原则，再辅以合理的培养目标、正确的教学理念以及相应的教学设施等，可以取得良好的教学成果。而在"培养方案+X"模式中，除了相关内容呈现出表面化特点外，培养方式与教学设施也难以满足创新人才培养的实际需求。"培养方案+X"所使用的培养方式仍沿用传统的人才培养方式，虽然有些培养方式得到了一定的革新，但是仍然不能满足人们的需要。传统的培养方式以知识传授为主，并且着力培养大学生的知识学习能力与理解能力，但是却忽视了创新的培养。不仅如此，高校在教学管理上也较为落后，进而造成培养体系缺乏有效的运行机制进行支持，使创新的培养仅仅停留在理论层面。

教学设施主要分为硬件设施与软件设施两个部分。硬件设施主要是指一些具体的教学设备等，比如多媒体教室、科学实验室、图书馆等都属于硬件设施的范畴。创新人才的培养需要得到很多先进硬件设施的支持，但是"培养方案+X"模式却没有在硬件设施上做出太大的改变，比如在教室、实验室、图书馆等方面的设置上与国外先进水平存在较大差距，这就导致一些创新内容很难有相应的培养载体来发挥其作用，从而阻碍了创新人才的培养。软件实施主要指与硬件设施相匹配的内容，比如师资建设、教学管理等都属于这一范畴。"培养方案+X"模式中的师资力量没有得到较大的改变，师资队伍的陈旧思想没有通过相关培训得到及时更新；在教学管理上存在管理偏差的问题。

（三）运行机制的构建不健全

创新培养模式的构建，充分说明当前高校对能力培养的重视，在具体的实施方案中也体现出了对创新意识的培养。创新意识对于创新能力与科研能力的培养具有重要作用，是学生进行创新活动以及挖掘科研潜力的内在推动力。从培养状况来看，高校学生逐渐意识到了创新的重要性，但是如果培养体系存在运行机制不健全的情况，就会导致高校教学很难满足大学生的需求。在"培养方案+X"模式中，创新课程、科研课程等内容都是在原有培养方案的基础上添加的，并没有注重这两方面内容在运行机制上的构建，导致创新课程、科研课程等创新内容很难发挥出应有的作用。创新意识的培养已经达到了一定标准，但是后续所采用的创新措施并没有真正根据创新的需求来制定。

在培养创新人才时，如果仅从课程方面进行改变是很难取得良好效果的，这也说明了创新的培养并不是短期工程，而是需要经过长期的建设才能达到目标。例如，医科院校在建立能力培养体系时，首先要制定明确的能力培养目标，然后根据这一目标来选择课程内容、教学措施、教学方法等，更重要的是要制定与该培养体系相适应的管理制度、教学制度、评价制度等，以便逐渐构建出基于能力培养的运行机制，进而使创新人才的培养合乎规律。

二、创新文化的影响

（一）高校创新人才培养文化主题不突出

高校创新文化已经逐渐成为校园文化的主导内容，它的育人功能正在得到不断的释放。但是通过调查发现，一些高校在创新文化建设方面仍旧存在形式化的问题，很多高校虽然开始建设创新文化，但其中的内容却是乏善可陈，不仅没有根据师生需求划分具体模块，而且所形成的内容也没有太大的价值。这样的文化内容很难激发学生的兴趣，难以发挥创新文化的育人功能。随着创新理念影响力的不断提升，创新文化建设范围得到拓展，诸如教学模式的创新、实验程序创新成为研究重点。但是在一些高校中，创新只是对教学手段进行了更新，而教育理念等核心内容仍然没有变化。

（二）高校创新文化建设理念有待更新

高校建设创新文化时，由于建设主体理念的落后，使文化内容十分匮乏，一些优秀的传统文化、校园文化等没有得到良好传承，不仅阻碍了传统文化的发扬光大，而且严重制约了创新文化育人功能的发挥。

虽然很多高校在创新文化建设中意识到师生属于建设主体，但是在实际建设中却没有为师生的参与提供足够的空间，导致学生很难有足够的精力来接受创新文化的熏陶。学生在教学活动中的被动地位并没有因为进入高校而得到扭转，虽然大学教师的管理力度会有所下降，但是仍然会提一些主观要求让学生进行效仿，却对学生的自身兴趣没有做过多的了解，造成学生难以形成独立自主的创新创业能力。这样的现象都是创新文化建设理念落后造成的，如果这种落后的理念得不到扭转，高校创新文化育人就难以取得理想的效果，高校创新文化建设也会陷入停滞。

（三）高校创新文化的内涵建设较为薄弱

高校创新文化建设的载体包括物质载体、精神载体、制度载体、活动载体以及网络载体等，高校创新文化的育人内涵也应该包含这几个方面，原因在于这几个方面对于高校创新文化的发展具有重要意义。第一，物质载体是高校创新文化的建设基础，只有在物质建设达到一定标准才能保证高校创新文化的顺利开展；第二，精神载体是高校创新文化的内涵体现，精神载体的丰富是促进创新文化日益充实的保障；第三，制度载体是高校创新文化建设与传播的保障，只有制度进一步完善，才能让师生行为受到约束，进而为人才培养塑造良好的氛围环境；第四，活动载体促进文化内容与实践载体的融合，将育人功能通过实践更加充分地展现出来；第五，网络载体是高校创新文化在新时代的技术支撑，只有及时引进最新的网络技术，才能保证高校创新文化跟得上时代发展的步伐。

调查发现，很多高校在创新文化内涵建设上较为薄弱，存在"重物质、轻精神"的现象，比如有的高校在校区建设上投入了较大精力，将校园的规模进行了扩展，但很多学生对扩展后的校园甚至不如从前喜爱，原因在于校园在扩展的同时也导致一些具有记忆价值的内容被毁灭。高校在扩建校园的同时也要注重从精神层面进行建设，这样才能让校园在焕然一新的同时，学生也能从中感受到浓厚的教育气息与文化气息。再如，有的高校在进行精神文化建设时，由于缺乏对人文建设的足够深度了解而让人觉得十分乏味。高校在举办活动时，应该多举办一些具有专业性和学术性的活动，比如知识竞赛、读书报告会等，高校应在保证活动规则完善的前提下，加入一些娱乐性内容来活跃气氛。高校创新文化内涵建设应该从多个方面进行加强，尤其要与学科设置进行紧密结合，因为只有将创新文化充分融入具体教学中，才能在活跃课堂氛围的同时，达到更好的教学效果。

（四）高校创新文化建设队伍不精良

在高校创新文化的建设过程中，重要的是提高相关工作者的道德品质以及信息技术水平，如果这两个方面存在问题，则会对最终的建设效果产生不利影响。建设主体要注重对受教育者学习动机的激发，并且还要构建合理的渠道让受教育者进行交流互动，以便在出现问题时可以迅速解决。在网络时代，创新文化建设需要得到更加精良队伍的支持，但现在的建设队伍尚不能满足这样的要求。

建设队伍的创新文化环境意识比较落后。以网络技术为例，虽然网络普及度不断提高，但是一些工作人员对网络技术的了解程度以及运用水平仍然滞后，难以将网络技术高效运用于创新文化建设中，从而对高校创新文化的建设进程造成了负面影响，滞缓了大学生创新能力的提升。有的工作人员对于创新文化建设中出现的问题不能有效解决，当出现问题时，通常会发生抓不到重点以及不能明确自身工作职责的现象。

高校在师资队伍建设方面比较滞后。调查发现，一些高校的教师队伍建设存在与时代脱节的情况，有的创新素质落后，有的育人业务不熟练，比如在教学中，很多教师不能对大学生的心理特征进行充分了解，在开展育人工作时难以确定最适宜的方式。另外，高校还缺少在创新文化建设方面的权威性人才，阻碍了创新文化与育人理念相结合的进程，从而使创新文化建设的效率得不到提升。

第三节　创新人才培养的有效途径

我国高等院校创新人才培养任重而道远，既要为建设创新型国家提供人才支撑，又要站在国际高度培养出具有全球意识的创新型人才，为提高我国的国际竞争力奠定基础。要想实现以上目标，需要从多个方面做出努力，包括教育理念的革新、教育模式的重塑、教学方式的丰富等，并且要做好"打持久战"的准备，因为人才培养从来不是一朝一夕的事情。

一、转变传统理念，倡导创新精神

教育观念的创新需要建立在认清教育本质的基础上，教育的本质不是获取知识与技能，而是要从思想与思维上对受教育者进行引导，从而让受教育者可以解放思想，形成独立思维。在国际竞争日益激烈的环境下，高等教育更要严格遵循教育本质与规律，这样才能培养出对国家和社会发展有用的人才。

人们在谈到创新时，往往觉得创新应是精英阶层考虑的事情，普通人只需要按部就班地学习与生活即可。其实不然，每个人都有创新的潜力，这种潜力不会因为社会地位的不同而分出等级。德国心理学家卡西尔认为，人的创造力会在自我塑造的过程中得到体现，只要自我塑造意识没有消失，创造力就会是无限的。美国心理学家吉尔福特认为，创造力广泛分布于人群之中，只不过通常处于潜伏状态，而一些"天才"找到了激活创造力的方式。从这两人的观点中可以了解到，每个人都具有创造力，而要想将创造力激发出来，就需要找到激发途径。教育、训练、学习等均是激发与培养创造力的重要方式，要想提高创造力水平，则需要进一步优化这三种方式。心理学家亚历山大·纳乌莫维奇·鲁克提出了"创造能力素质"的概念，认为这一素质是每个人都具有的，但由于接受了不同的教育，导致个体素质水平的差异。教育的作用得到了人们更加清晰的认识，教育中蕴藏着巨大财富，可以帮助人们激发创造潜能与提高创造才能，从而在未来的发展中收获更多。古语云："授之以鱼不如授之以渔。"教育就属于一种"渔"，能够帮助人们获得长远发展。在创造力培养中，创造性思维的塑造是重中之重，并且在一代又一代教育学者的努力研究下，创造性思维的神秘面纱被揭开。创造性思维虽然是触摸不到的，但却有着可以探寻的发展与培养规律，只要能够遵循这些规律，就可以促进创造性思维水平的不断提高。

在新的时代，培养创新型人才具有更加重要的意义，而如何培养创新人才成为高等院校需要重点思考的问题。随着时代的发展，科技、经济、文化等方面均发生了变化，这意味着创新人才的培养也要做出改变，而要想获得良好的改变效果，首先需要转变传统教育理念，并通过深入反思树立高校创新教育理念。

1. 以学生为中心的理念

教育，即教化、培育。在教育活动中，教师是教育的实行方，学生是教育的受众。正是由于这样的特征，教师通常居于主导地位，而学生居于被动地位。在传统教育理念中，有关教师的论述是丰富的、详细的，教师是"传道授业解惑"者，是知识权威，是课堂的中心，因而教师的权威得到了确立。对于学生来说，他们要做的是听从教师的安排，学生即使有不同意见也会选择埋藏在心中。长此以往，学生成为全盘接收教师传达知识的"机器"，只知道学习与继承以往知识，没有进行发展和创新。以这样的方式培养出来的学生对于国家发展所能起到的作用是有限的，而这正是高校大力开展创新教育的原因。创新教育遵循以学生为中心的理念，重在通过相应教育方式挖掘学生的潜能以及培养学生的自主思考能力，进而为学生的创新意识、创新思维、创新能力以及创新人格的形成奠定基础。学生主体地位的提升能让学生更加积极主动地进行学习，促使学生将自己的想法充分表达出来，这既有利于学生个体的发展，也能促进教育的进一步优化。

2. 以实践为重点的理念

创新教育不能夸夸而谈，要以实践作为基础。科学技术与创新有着紧密联系，科学技术的发展史也是一部精彩的创新史。当"创新"这一概念最早被提出时，主要用于形容科学技术与生产体系进行结合的状态，具有显著的实践特征，创新与实践的联系就此铸就。高等院校开展创新教育不能只传达理论知识，更重要的是将其与生产劳动、社会实践等结合起来，只有这样才能使学生的创新精神与创新能力更加扎实可靠。在创新教育视域下，高校在评价体系的构建上要做到面面俱到，不能仅将学生的考试成绩作为评价指标，还要综合选取学生在解决实际问题方面的评价指标，并通过对照分析，确定高等教育中亟待解决的问题。要想提高学生的实践能力水平，需要高校及时掌握社会发展需求以及引进当前最新的科技发展成果，并切实开展实践教学。增强高校与社会的联系可以通过构建产学研机制来实现，从而使高校的创新教育更具针对性。

3. 以成才为目标的理念

开展创新教育的目标是培养高素质创新人才。高校要将"以成才为目标"的理念贯彻到各项工作中，目的是构建行之有效的创新人才培养机制，使教师的教学行为可以得到规范和指导，进而更好地完成培养创新型人才的任务。"成才"并不仅指获得良好的学习成绩，更重要的是指学生的发展更加完善，包括思维能力、应对能力、理解能力、洞察能力等方面的完善，而后在这一基础上勇于追求理想以及大胆进行创新。正如有学者所言："最好的教育就是以成才为目标的教育。"而要想构建这样的教育模式，需要将高等教育的各个方面与各个过程融合成一个整体，避免各自为战。开展创新教育是高校进行教育改革的契机与途径，可以促进"以成才为目标"的理念在高等教育中得到贯彻落实。

4. 以人为本，树立正确的、科学的人才观

人才应是多方面优秀素质的集合体，品德高尚是成才的基础，知识渊博、技能水平高超是人才的突出特征。在选拔人才时，需要对选拔对象的多个方面进行考察，学历、职称、资历、身份等是重要的评价指标，但这些指标并不是硬性条件，关键要考察道德素质与能力水平。著名教育家陶行知大力提倡创新教育，其在《创造宣言》中对"创造""创新"进行了新的解读。他认为，处处是创造之天地，天天是创造之时，人人是创造之人。从陶行知的思想中可以了解到，创新教育应该充分融入每个教育环节，进而通过环环相扣的创新教育环节培养学生的创新素质。创新型人才的培养更加注重个性发展，这是培养不同类型创新型人才的要求，但是个性发展需要建立在全面发展的基础上，因为如果学生缺乏足够的知识积累，创新将会失去动力源。另外，个性发展也要建立在满足社会需求、促进社会进步的基础上，这是开展创新教育的现实基础，如果创新教育与社会脱节，其意义就会大打折扣。一个人要想成为人才，首先应具有一定知识以及掌握相关技能，而后还要基于社会需求找到自己施展才能的平台。

"以人为本"是创新型人才培养的重要指导思想。在这一思想下，培养对象的方方面面都应该成为制定培养措施的依据，比如培养对象的身体较为虚弱，则需要加强体育锻炼，并根据其身体情况合理调整培养进度；培养对象的心理素质较差，则需要注重心理层面的引导；等等。高校在开展创新教育时，要注重教育环境的塑造，目的是让学生接受到充分的鼓励、支持以及帮助；具体到实践环节，要遵循科学开发、合理利用的原则，做到理解学生、尊重学生、关心学生以及保护学生，让学生可以在良好的环境中有效提升实践能力，进而为全面发展奠定基础。需要注意的是，在实践环节的设计中，高校或者教师要充分结合社会发展的状况与需求，以保证实践环节可以切实发挥作用。平等竞争也是良好教学环境的重要特征，在平等的环境中，学生能够接受到公平的教育资源，这有利于学生创造潜能的更好激发。在教学评价方面，高校要改变"重结果、轻过程"的评价理念，除了评价学生的考试成绩外，还应该将学生的具体表现作为重要的评

价指标，尤其是在创新能力的评价中，学生的创新精神、创新意识等均应得到体现。创新精神与创新意识是创新人才的重要素质，要想对其做出科学合理的评价，需要通过具体的实践过程进行检验，而在选择评价标准时要避免一以概之情况的出现，要让有个性的人才得到公正的评价。

"以人为本"在教学中通常体现为以学生或者以教师为主体，即"以生为本"或者"以师为本"。"以人为本"理念，不仅是一种价值取向，而且是一种思维方式。那么在"以生为本"与"以师为本"中，其重点在于发挥学生或者教师的主体作用，能够让学生或者教师基于自身的主观能动性来做出利于自己的选择。在谈到教学弊端时，人们总会将"学生缺乏主体地位"作为主要弊端之一来研究，而出现这种情况的原因在于教学中教师的地位要高于学生，或者说学生需要得到教师的教导。但是并不能说"以师为本"缺乏研究意义，因为教师作为育人职业，他们的各种需求也应该得到重视和满足，这样才能保证教师在教学中发挥重要作用。

高校在构建创新及科研能力培养模式的研究中，应该充分遵循"以人为本"的教育理念，而后再结合高校的实际情况以及社会的具体需求，制定出行之有效的人才培养方案。每个教育阶段的学生群体都各具特点，大学生群体的特点为：思想更为自由开放、各方面素质与能力已经达到了社会生存的一般标准、思想政治水平更加成熟等。高校在制定培养方案时应该充分考虑大学生群体的特点，应该给大学生留足自由发展的空间，但是也需要坚持实事求是以及遵循教学规律的原则。大学生的个性发展应该得到正确的引导，这需要教师根据大学生的不同特点来进一步细化人才培养方案。大学生之间的差异除了个性不同外，还会受到其他一些因素的影响，比如教育背景、学习经历等都会造成个体差异。因为个体差异的存在，大学生创新及科研能力的培养途径应该得到进一步优化，同时还需要基于个体差异有目的性地挖掘大学生的潜能。

为了促进"以人为本"教育理念深入人心，高校应该将其融入办学理念中，从而使这一理念得到全体师生的重视。"以人为本"是开展素质教育的重要理念，素质教育的根本目的是促进全体学生基本素质的提高。素质教育其实会伴随人的一生，因为通过素质的培养能够满足社会需求以及个人需求。"以人为本"

的教育理念以提高全民素质为目标，在教育过程中能够挖掘人们的潜力，进而使人们的创新能力、创造能力得到培养。而对于大学生来说，合理的培养模式能够培养他们的创造性、创新型以及创造精神，进而使大学生在提升创新能力的同时，也能对教师的正确培养给予反馈。总之，高校的出发点应该是实事求是，不能置办学条件、教育发展趋势于不顾，同时还要坚持以学生为本、以社会需求为导向以及以培养学生创新及科研能力为目标的教育理念。

5. 与时俱进，树立新型的人才质量观

高校作为国家的最高学府，应该树立正确、先进的创新教育理念，只有这样才能培养出优秀人才，进而为提高国家的核心竞争力奠定基础。创新教育理念除了要强调创新教育的重要意义外，还要对"培养什么样的人才""如何培养人才"等问题做出解答，从而促进创新教育的贯彻落实，并切实在社会发展中贡献力量。

创新教育中的相关知识没有太强的专业性，主要是以培养学生的创造能力为目标，而在工作之后，这些知识会继续发挥作用，并且会对大学生的未来发展结果产生重要影响。从这一层面分析，创新教育的设计不能太过具体，否则会影响到教育成果。另外，当前的高等教育形式多种多样，包括全日制普通高等教育、成人高等教育、高等职业技术教育、高等教育自学考试、高级职业培训等。要想将创新教育充分融入这些教育形式中，需要根据不同教育形式的特征进行针对性设计，比如在高等职业培训中，人才评价会更加趋向于社会评价，这就需要创新教育的评价方式要紧贴这个方向进行设计，从而保证评价结果具有效力。

二、培养创新团队，形成创新合力

高校创新人才培养是一项系统工程，需要在多个主体的支撑下才能更好运行，包括高校领导者、管理者、教师、行政人员、学生等。这些群体是构建创新团队的基础，要想让创新团队切实发挥作用，关键在于统一思想认知，使得团队成员能够为了实现共同目标贡献自己的力量。

1. 教师首先应成为高素质创新人才

教师是高校人才培养中的主体，教师的素质水平会直接影响到人才培养质

量。在党中央大力倡导的人才强校战略中，教师是重要的培养对象，如何培养一批优秀的学术带头人和科技尖子人才是摆在各大高校面前的难题。另外，培养教师要构建良好的"传帮带"体系，这要求高校在教师培养中需要进行科学分配，合理配置老中青教师，这样不仅能满足人才培养的多种需求，还能促进教师队伍师资力量的整体提升以及为实现良性循环奠定基础。在创新教育中，教师首先要具有创新意识与创新精神，这样才能在潜移默化中对学生形成熏陶作用。具体而言，教师的创新型素质主要包括以下几个方面。第一，崇高的素质教育观念。教育观念会直接影响到教师的教学行为，而在注重素质教育培养的年代，教师应该深入理解素质教育的内涵，并且将素质教育与自身品德、生活理念、价值观念等融合起来。很多教师虽然口头上重视素质教育，但是他们的一举一动、一言一行都与素质教育相差甚远，因而这样的教师是不合格的。第二，较完整的科学知识和人文知识等构成的知识体系。教师的知识储备会直接影响到他的教学能力，教师除了要具备专业的学科知识外，还要在教育学、社会学等方面达到较高水平。教师从来不能照本宣科地向学生灌输知识，还要针对学生的不同特征采取有效的教学措施。第三，广泛的相关技能。教师技能包括组织技能、设计技能、应变技能、交流技能、信息处理技能等，一般来说，这些技能需要教师在学习与实践中逐步提高，因而针对教师技能的考察应该具有动态性。

我国在优化高等教育的过程中，应该将培养创新型教师作为重点，因为教师作为课堂教学的主导者，可以通过具体的教学措施以及潜移默化的熏陶来培养学生的创新意识与创新精神，而后通过"代代相传"实现提升全体国民创新素质的目标。教师的教学观念要得到革新，不仅要充分认识到以学生为中心的重要性，还要学会不断转变自身角色，比如在课堂教学中，教师要通过主动与学生互动激发学生的学习兴趣，并根据学生的要求对教学内容做出灵活调整；在科技创新活动中，教师一方面要指导学生掌握基本的实验技能，另一方面要在活动评价中对有所创新的学生进行鼓励，从而激发学生的创新潜质。教师要担当好各种角色，既需要教师拥有一颗爱岗敬业、为教育事业甘愿奉献的红心，还需要教师具有扎实的知识基础以及强烈的求知欲，这可以帮助教师及时了解最新理论，并通过深入学习和理解将其运用到教学过程中。另外，教师要懂得尊重学生，善于发现学生的优点，并以此为基础采用最适合学生的教学方式。在高校创新人才培养视角下，教师要着力营造民主自由、宽松互动的教学氛围，鼓励学生通过独立思考解决问题，并在评价环节注重过程评价。综上所述，培养具备优秀创新素质的教师迫在眉睫，直接关系到高校创新型人才的培养效果。

2. 培养适应新世纪高校发展的创新性管理人员

有管理学者对管理的价值和意义进行了研究，认为管理不是简单的组织与整合，如果管理人员只是日复一日地从事相同的管理事务，即使没有出现任何问题，这样的管理模式迟早有一天也会被淘汰，尤其在竞争形势日益激烈的时代，管理的墨守成规与停滞不前即意味着管理模式的衰退。敢于进行管理创新是优化管理模式的重要途径，这在现代管理中得到大力提倡。

高校管理人员的主要职责是维持高校各项工作正常进行。在管理过程中，管理人员会与广大师生有所接触，他们的言行举止会在潜移默化中影响到师生。另外，管理人员所构建的管理模式同样具有强大的影响力。从这一层面分析，高校管理人员的素质需要得到提高，包括政治素质、思想素质、道德素质、能力素质、管理素质等，如果其素质方面存在问题，则会直接影响到高校的管理工作的开展效果，进而对高校人才培养产生不良作用。随着时代的发展，高校管理人员也要不断革新管理理念，并且要基于当前现状进行创新，比如现在的大学生更加注重私人空间的保护，管理人员要充分尊重学生个人需求。在高校创新人才培养中，营造良好的校园创新氛围具有重要意义，而作为高校管理人员，也应该通过创新转型来为实现这一目标贡献一份力量。

第一，转变高校管理人员的观念。高校管理人员主要负责高校各项工作的开展以及制度的执行等，但是很少参与到教学管理中，因为在高校管理人员的观念中，教学与管理是分开的。这样的观念需要得到转变，如果管理人员对教学进程漠不关心，就难以真正了解教学特征以及内在需求，从而导致管理手段与教学脱节，对最终的教学质量造成严重影响。转变观念要从领导者做起，通过层层传递促进所有管理人员观念的革新。

第二，提高高校管理人员的综合素质。高校管理人员的工作性质比较特殊，因为他们接触到的是知识丰富、文化素质较高的大学生与大学教师，如果管理人员的综合素质相差甚多，则会给管理工作带来很大的困难。因此，高校管理人员也要不断学习，不仅要学习现代管理知识，还要学习文化内容，从而可以在管理中与广大师生保持良好交流。高校管理工作的特殊性决定了管理模式要不断进行革新，才能更好地满足高校创新人才培养的要求。

第三，促进高校管理人员的专业化水平。高校管理工作要提高效率，保证高校可以良好运转，比如高校在举办校内实践活动时，管理人员要在最短时间内做好准备工作，并对每个环节进行测试，降低意外情况出现的概率。提高高校管理人员专业化水平可以从以下几个方面实行：一是构建培训体系，定期对管理人员进行培训与考核，保证每名管理人员可以达到既定标准；二是积极借鉴其他高校的成功经验，并结合本校实际情况做出调整；三是鼓励管理人员进行创新，对在创新方面做出成绩的人员进行奖励。

3. 加强学生自身创新能力的培养

学生是高等教育的教育对象，学生的学习效果是评价教师是否优秀的重要指标。要想教育好学生，就要强化学生在教育中的主体地位。不同学生之间具有差异，教师不能基于自身好恶对学生妄加评判，而是要尊重每个学生，发掘每个学生的闪光点，并引导学生形成创新思维，从而为培养出优秀的创新人才奠定基础。

第一，培养学生的创新精神。创新需要胆大心细，需要敢想敢为，如果一味墨守成规、做事畏首畏尾，是难以在创新方面做出成绩的。创新精神的培养与知识传达是不同的，更加需要在潜移默化中对学生进行引导，比如在教学中，教师不能执着于标准答案，而是要鼓励学生提出自己的观点；在实践活动中，教师要鼓励学生独立解决问题，并且不能限定范围；在平常生活中，高校不能过度管理，要给予学生充足的自我空间。

第二，开展多种形式的学生创新活动。培养创新精神、提升创新能力要摒弃"重结果、轻过程"的错误理念，为学生营造良好的创新氛围。在开展多种形式的创新活动时，不能设定太过具体的活动目标，否则会限制学生的思维空间，难以充分激发学生内在的创造才能。创新活动就是要以唤起学生创新热情为目标，让学生可以放松心态、全身心地参与到活动中，灵活地选择活动形式，如创新活动更偏娱乐性时，可以采用更加自由随和的俱乐部形式；如果更偏学术性时，可以采用较为严谨的社团形式。

第三，为学生创新实践提供制度保障。制度具有强制性，可以使相关实践活动得到更好的管理。在高校创新实践中，可以通过建立健全制度的方式促使创新实践更加有效地开展，比如设立防抄袭制度能够让学生更加专注于自我创新；设立创新奖励制度可以激发学生更高的创新热情；设立创新实践评优制度可以让学生更加注重创新成绩。

三、构建创新人才培养模式

创新人才培养模式指的是以培养创新人才为目标的培养模式，这一模式的构建过程也要凸显创新特征，比如要采用新的教育思想与新的教育理论，目的是为全面提高学生的创新能力提供支撑。构建创新人才培养模式，需要在培养目标、专业设置、课程体系、教学方式方面进行针对性设计。

1. 以通识教育为基础，发展专业特色人才

对于高等教育人才培养目标的讨论由来已久，核心争论点主要集中于通才与专才上。哈佛大学曾经对通识教育与专业教育进行了解析，认为这两种教育模式均有存在的必要性，其中通识教育主要是教育学生了解基本的生活常识、掌握基本的生活技能以及形成与生活相融合的生活理念；而专业教育则集中于培养学生的某种职业能力。通识教育涉及多个方面，既有知识传达，也有思维培养，并且还重视学生的道德修养。通识教育具有以下特征：一是具有广泛性，通识教育会对学生进行基本理论、基本知识、基本技能以及基本方法的训练，目的是让学生具备应对诸多困难、解决多种问题的能力；二是具有丰富性，通识教育包含丰富的教学内容，几乎涵盖每个学科，这些教学内容并非相互独立、泾渭分明，而是会通过相互交叉、相互渗透等融合到一起；三是具有方法多样性，开展通识教育的方法十分多样，可以采用传统的课堂灌输法、专题讲座、专题讨论等。专业教育涉及的范围较窄，虽然也有知识、思维、道德方面的内容，但主要是针对某个专业或者职业而言。专业教育具有以下特征：一是专业教育培养出的人才短期内具有不可替代性，这是学科划分的结果；二是专业教育教学内容更加具体，主要

是对某一个方面集中论述与研究，从知识类型分析，应用型知识占据主导；三是重视职业技能的培养，可以帮助学生在毕业后迅速适应工作岗位；四是职业教育成分更加浓厚，教育格局更加狭窄，进而影响学生的知识丰富度。在很长一段时间内，专业教育被认为是培养优秀人才的主要途径，但是随着时代的发展以及知识内容的进一步丰富，仅专注于小范围培养的专业教育显现出了诸多弊端，尤其是在学科交叉程度愈加激烈后，只了解单一知识以及只掌握单一技能的人才难以适应学科发展现状，而培养创造能力更是成为一句空谈。目前，高校中的学科门类越来越多，想要全面掌握是不现实的，这就又给通识教育提出了难题。很多教育学者认为要大力开展通识教育，将学生培养成为样样精通的人才，但一个人的精力毕竟是有限的，如果精力过度分散，培养结果也不会令人满意。通识教育与专业教育各具特色，各有各的优势和劣势，片面强调任何一方都是不科学的。正确的做法是将两者结合起来，以通识教育打基础，而后通过专业教育培养专业技能。

通识教育中包含丰富的知识内容。我国高校高等教育的知识内容更偏专业化，学生能学到的只有专业方面的知识，对其他方面缺乏了解。针对这一现状，我国高等教育界进行了长时间的讨论，并结合大学生综合素质不高、社会适应性不强、创新能力不足的状况尝试了多种解决方式。1998年，教育部出台了《关于加强大学生文化素质教育的若干意见》，明确提出要在高校中全面推广文化素质教育。与通识教育相比，文化素质教育显然在内涵上较为狭窄，但核心观点却基本一致。至此，我国高等教育在发展通识教育方面迈开了脚步。

在创新型人才的培养中，开展通识教育的目的是夯实基础。通识教育能帮助学生积累丰富的知识，因为创新并不是凭空捏造，而是要建立在相关知识的基础上；通识教育能够帮助学生树立开放的思想观念。创新的过程是一个产生新内容的过程，这里的"新"并不只是形式新，更重要的是内涵新。要想进行创新，就要具有开放的思想，敢于"想他人不敢想、做他人不敢做"。在学科类型愈加丰富的今天，通识教育是帮助学生了解更多知识尤其是学科交叉知识的重要途径，从而为提升学生的创新能力奠定基础。

通识教育是一种大众教育，每个大学生都应该接受这样的教育。培养创新型人才并不意味着每个学生都能够成为创新人才，而通过通识教育能够让学生的基础知识更加扎实、学习习惯更加良好，以及创新潜能得到更好激发，进而为获得更好的未来发展创造条件。由此可以领悟到教育的真正意义，不是为了培养人才而培养，而是要为学生铺就一条成才之路。通识教育与高等教育的基本要求和原则是相符的，塑造知识框架、完善知识体系以及拓展知识范围只是培养创新型人才的方式与途径，真正目的是要增强学生的社会适应性，让他们能在不断学习与发展中完善自我、超越自我。需要注意的是，通识教育不是要求学生面面俱到、样样精通，而是通过拓宽学生知识面让学生开阔视野、了解人文以及修养品德，因而可以说通识教育是一把打开智慧库的钥匙。

2. 课程设置要具有创新性

课程设置会受到课程观念的影响，要想优化课程设置、构建良好课程体系，需要从革新课程观念做起。创新型人才培养视角下，课程观念要具备开放、多元、动态特征，依托这样课程观念所构建的课程体系才会具有更好的对外交流性，可以及时引进新型理论、深化学科交叉程度等，进而使课程体系进一步得到完善。课程设置要摒弃单一能力培养的弊端，做到知识、能力、素质三个方面协同发展，比如在课程选择上，要对自然学科与人文社会学科给予同等重视，不能偏废其一；在课程考核上，不能仅将书本知识作为考核内容，还要对书本之外的知识、技能等进行考核。想要达到这样的目标，需要树立全面发展与个性发展统筹配合的指导思想，既要融入各个方面、各个学科的知识，又要基于不同学生的个性特征进行针对性培养。具体而言，课程考核主要是对以下两个方面进行规划：一个是考核内容，除了与课程相关的基本理论、基本知识以及基本技能外，还要基于此设计出实际问题，目的是考核学生应对问题与解决问题的能力；另一个是考核方式，除了常规的考试方式外，还要引入课堂讨论、问题解答、课程论文等方式。课程设置的创新可以通过以下方式实现。

第一，开设创新理论、技法的课程与培训。创新教育的开展需要建立在教育理论与技法不断革新的基础上，只有这样才能使大学生的创新素质得到更好培养。对于创新教育的技法研究已经持续了很长时间，并且产生了三百多种创新技法，比如创新意识培养法、综合集中技法、扩散发现技法等。这些技法的主要作用是锻炼大学生的思维能力，从而为培养创新思维奠定基础。随着时代的发展，创新技法的具体手段也需要得到革新，并要融入课程内容中，成为培训大学生创新能力的方式。开设创新理论、技法课程的做法已经具有先例。

第二，实验课改革。长期以来，实验课被视为教学中的一个无足轻重的环节。学生在实验课中所做的实验一般是教师事先安排好的，虽然学生也能从实验中收获一定知识，但却十分有限，并且由于教师的"包办"遏制了学生的探知渴望。实验课改革的关键在于教师角色的转变，教师不能再主导实验课的整个进程，要提高学生在实验课中的主动权，比如学生可以自己设定实验项目，并制定出具体的实验方案，而教师所要做的是提出指导性意见，引导学生进一步优化实验班方案。学生在实验课中主导权的提高，有利于课堂知识更高效率地转化，并且是主动转化而非被动转化。

第三，开设讨论课。在传统教学中，教师与学生之间缺乏互动，教师负责知识传达，学生负责知识接收，整个教学环境显得十分沉闷，不仅会削弱学生的学习兴趣，还会阻碍学生想象力、创新力的形成。开设讨论课的目的则是打破这样的格局，为师生之间的良好互动提供平台与机遇。讨论课的内容也需要仔细规划，要避免讨论课成为学生闲聊的平台，导致讨论课的效率降低，失去开展的价值和意义。在讨论课内容的规划中，就要明确讨论课的主题，而具体到创新型人才培养中，应该设定与创新意识、创新精神以及创新能力培养相关的主题；在实施过程中，讨论方式要灵活多样，既要有小组讨论，也要有小组之间的辩论。

第四，适当开设综合课程。综合类课程是学科交叉的结果，这一课程与当前专业精细划分有所冲突，但其作用却不可小觑。随着时代的发展，尽管科学技术水平不断提高，但同时也出现了很多新的问题，比如人口增长问题、环境污染问题、人文精神缺失问题等。要想解决好这些问题，仅仅依靠单一学科是不够的，要将多门学科综合起来，比如在面对环境污染越来越严重的问题时，仅仅采取杜绝污染源的方式是难以获得理想的环境保护效果的，因为造成环境污染并不只有表面的污染源，还与很多方面密切相关，如文化观念因素、经济发展因素等。因此，综合类课程十分有必要开设，其可以培养出更多具备综合考虑能力的人才，进而为解决这些难题提供人才支撑。另外，开设综合类课程是优化学生知识结构的重要途径，能够让学生更加全面地看待问题，并通过综合考量进行创新。

第五，允许学生转换专业，鼓励学生选修专业。目前，我国高校有着明确的专业藩篱，学生可以基于自身喜好选择专业，而在选择完毕后，想要再次转换专业需要满足多项条件，并且程序烦琐。在这样的情况下，学生很少转换专业，即使不喜欢也会硬撑着直到毕业。允许学生转换专业，鼓励学生选修专业是改变这种状况的重要方式。当学生在明确自身兴趣以及特长后，可以要求转换专业，而不是在自己不感兴趣的领域苦苦折腾。但是在实际教学中存在这样一种情况，即学生只是对某一专业部分学科没有兴趣，如果转换成其他专业，也就意味着部分感兴趣的学科也会随之摒弃。针对这种情况，可以设立专业辅修机制，鼓励学生对自己感兴趣却不在本专业内的学科进行选修。

第六，高校要积极引入新型课程。随着时代的发展与技术的更迭，新型技术与新的研究成果不断出现，而高校作为人才培养基地，需要及时了解并将它们纳入课程中，并且要结合社会需求采用适宜的培养方式，从而为培养出社会有用之才提供支撑。高校的课程体系要做到基础与前沿相互结合、相互促进，让学生在夯实知识基础的前提下拓展思维。

第七，多学科交叉发展。国内很多一流大学在多学科交叉方面有着一定优势，成为大学生获得更多知识的重要来源，对大学生综合能力的提升有重要意义。多学科交叉指的是多种学科内容之间的交流，交流水平的高低则会受到科学发展的影响。不同学科之间的交叉要充分考虑自身的实际情况，进而通过寻找联系点来实现交叉。学科交叉一般要通过实践活动来进行验证，这样才能确保学科交叉存在的意义。现代高校教育通常会通过多学科交叉的方式来谋求教育水平的提高，进而使现有的人才培养模式得到优化。多学科交叉发展对于大学生综合能力的提高有着重要影响，通常会被作为一种发展手段而存在，而且多学科交叉有助于拓宽学生的知识面，进而提高学生对各种知识的运用能力。多学科交叉的实现方式主要分为两种，一种是通过课程设置来完成多学科交叉，进而使学生接触到更多的学科知识。通过调查发现，发展水平较高的大学在课程设置上更具优势，而发展水平较低的大学则在课程设置上呈现出明显的单一性。课程设置水平的提高，是在不断地总结与发展中形成的，所以国内一流高校一般都历史悠久。

很多高校在创办时不仅专业稀少，而且师生数量也不多，但是在经过长期的发展后，专业数量会逐渐增多，师生人数也会极大增长，这一过程中，高校如果不注重学科交叉的发展，则会影响大学生的成长速度。另一种则是通过构建学科交叉结构来促进学科交叉的发展。不同学科之间能够通过相互渗透和交融来实现新的增长，这也是每所高校能够取得进步的重要方式。学科交叉的良好发展主要得益于三个方面，第一是高校具备扎实的文理基础；第二是高校具备一种或者几种支柱型专业；第三则是丰富的学科交叉经验。高校只要具备上述中的任何一种，就可以算是一所不错的大学，这也提醒很多高校在发展中可以首先集中发展一个方面，在达到一定程度后再去发展其他方面。大学生创新及科研能力的培养，与大学办学能力和发展水平息息相关，而其中学科交叉的发展程度更是会影响最终的培养效果。

3. 教学方式创新

教师所采用的教学方式会直接影响到教学效果，教学方式越丰富，越有利于营造良好的教学氛围。有的教师没有认识到教学方式的重要性，认为教学方式只是一种管理方式，目的是让学生服从管理，并同时获得知识。实际上，大学生基本已经成年，拥有较强的自制能力以及制订学习计划的能力，因此不再需要教师通过强制性的教学方式进行管理。这样的观点被很多大学教师所认同，因而大学生在对大学生活做出总结时，认为大学教师赚钱十分容易，上课时只需要拿出课本自顾自地进行知识传达，至于学生是否接收、是否理解并不关心。教学方法无论在哪个阶段都会发挥作用，但是不能长期使用同一种教学方法，这样会让学生产生审美疲劳，从而影响知识的获取效率。教学方式的地位要保持，还要通过教学方式创新改变使用单一教学方式的弊端。

第一，鼓励学生要有怀疑精神。学生在面对书本知识与教师时，往往过于信任，即使心中有所怀疑也会瞬间打消，因为在他们心中，书本知识与教师代表着权威。世界上没有绝对的权威，即使被尊为"真理"的知识也不是在任何条件下都成立的。学生如果一味服从权威，久而久之就会形成不够自信的性格，做什么事情都瞻前顾后、畏首畏尾。鼓励学生要有怀疑精神不是让学生无端进行怀疑，而是要摆事实、提论据，并且要敢于实践，从实践中获得知识。书本知识可以作为学生获取知识的源头，但需要学生辩证地看待书本知识，不能将其作为否定其他知识以及解决问题的唯一依据。另外，知识的海洋是无穷无尽的，书本知识只是其中的一小部分，仍旧有很多未知的领域等待探索。通过对一些知识名人的了解，可以发现他们之所以能够名垂青史，与他们具有怀疑精神有着很大关系，比如哥白尼能在地心说深入人心的时代通过不断研究提出与之对立的日心说，成为更正人们宇宙观的一位科学巨人。类似的事例数不胜数，也正是这些敢于怀疑并通过刻苦研究提出新的理论的科学先行者，才推动了人类社会的车轮不断向前。

第二，鼓励学生登台讲课。传统教学中"教师讲、学生听"的模式传承了上千年，因而学生被动学习的地位一直在延续。这样的教学模式让学生变得胆小，即使持有不同的观点也不敢大声提出来。鼓励学生登台讲课并不是新生事物，很早就有教育学者提出这一举措，并且进行了尝试。但是这种方式并没有得到良好的推广，即使有所应用，也只是局限在较小范围内。要想使这种方式发挥作用，就要使这种方式达到常态化，比如可以将特定几节课完全交由学生来发挥，课堂内容由学生自己拟定，可以是常规的知识讲解，可以是针对疑难问题讲解解题方式，也可以是针对某一主题阐述自己的观点。通过这样的方式能够锻炼学生敢于在大庭广众之下讲话的勇气，并且为了提高说服力能在某一方面做出更加深入的研究。当学生登台讲课成为一种常态后，课堂氛围会变得更加活跃，而且登台讲课的过程也是一个发现问题、解决问题的过程，有利于培养学生在遇到问题时保持沉着稳定的能力。

第三，鼓励学生推陈出新，敢于提出自己的观点。教师作为知识传达者，要确保知识的正确性，但是知识正确与否并不是绝对的，因而教师在讲解时不能强行要求学生认同，而是要给学生留足自主思考的空间，尤其是在传达最新学术观点时，更要引导学生自主思考，通过不同观点的比较来获得更加深入的认知，从而为激发学生的创造力奠定基础。教师虽然不能强行要求学生认同自己的观点，但教师要坚持自己的观点和见解，并将其作为学生多方对比的参照物。学生会对具有独到见解的教师更加信服，这有利于激发学生的创造力，如果教师习惯于人云亦云，则会使其形象大打折扣，进而对学生造成不良影响。教师的主要职责是启发学生而不是控制学生，应尽量避免采用灌输方式，注重启发和引导。两种教学方式的差距是明显的，当教师一味灌输时，学生的思考空间就会被压缩，这意味着其创造空间也在缩小；而当教师进行启发时，学生的思维重点会从接收知识转移到思考知识上。学生在课堂上提出自己的观点时，教师不能简单地进行否定，那样不仅会伤害学生的自尊心，也会使学生因得不到肯定而影响创造力的培养。正确的做法是引导学生根据自己的观点进行探索，让学生找到自己观点的不足之处，进而做出改变。对于那些富有创见的观点，教师应不吝表扬，鼓励学生继续保持创新意识。

第四，课堂内外紧密结合。课堂教学是传授知识的重要途径，但不是唯一途径，而且与课堂教学相比，课外所包含的知识内容更为丰富、更为具体，能够激发学生更加浓厚的学习兴趣。实验室、博物馆、实习基地等都可以作为课外场所，当学生在课堂上获得知识后，可以在课外场所得到进一步深化。

4. 运用创新教学手段

第一，可以采用探究式教学方法。探究式教学法的开展是由教师提出研究主题，然后营造出一种类似于学术研究的问题情境，让学生能够在这样的情境中通过多种学习方式来发现问题、研究问题进而解决问题。有的研究主题需要实践活动的支持，学生则可以通过调查、信息搜集以及试验等方式来获得有价值的线索。探究式教学法的特征主要有三点：第一是以提出问题为出发点；第二是为学生设置问题情境，并且通过假设来丰富研究角度；第三是注重师生之间的互动效率，促进教师对学生的指导效果。探究式教学法对于激发学生好奇心与求知欲有重要作用，可以有效地保护学生的创新个性；探究式教学法更多会用在实践教学中，这对培养大学生学习知识、运用知识以及解决问题的能力有重要意义；探究式教学法一般注重的是团体的研究，所以能够促进大学生团队合作能力的提高。在现代社会中，团队合作是谋求更好发展的基础，而"单打独斗"一般不会获得太高的成就。团队合作能力对于大学生科研能力的提高也有重要作用，因为科研活动一般是团体进行的，如果大学生不能与他人进行良好合作，则会影响到科研能力的培养。

探究式教学法的构建需要基于一定的环境，而这一环境的营造并不是轻易可为的，需要教师或者高校通过严谨的规划才能实现。大学生的创新能力与科研能力的提高需要建立在极高求知欲望的基础上，而求知欲的培养正是探究式教学法的一大亮点。教师通过探究式教学法可以激发学生强烈的学习与科研欲望，但是教师在提出研究主题后，不能采用同样的标准来要求学生，尤其是一些有着自己个性追求的学生，更需要为其提供充足的成长空间。不过在探究氛围的营造上没有太大的区别，一般来说宽松愉悦的环境更加有利于学习的展开与研究的深入。教师除了要积极营造探究氛围外，还需要根据每个学生的特点做好引导工作，进而使每个学生都可以在探究过程中吸收知识的营养。对于创新能力和科研能力的培养，能够在增强学生探究欲望的基础上，通过不断提高知识创造能力来实现。

基于探究式教学法可以构建大学生创新及科研能力的培养模式，要想取得较好的培养效果则需要建立起完善的教育培养体系，以及提供充足的软件设施来满足该培养模式的培养要求。这样的培养模式有利于将创新意识转化为实际的培养方法，进而达到培养大学生创新能力的目的。"培养方案+X"模式可以通过开展探究式教学法来将创新内容切实作为教学中的研究内容，进而使创新内容与培养方式紧密结合。探究式教学法中教师和学生分别处于不同的主导地位：教师是教导、引导以及营造课堂环境的主体，而学生是探究、分析以及提出问题的主体，这两个主体的作用都需要得到充分发挥，才能切实促进创新及科研能力的培养。

创新意识的培养与探究式教学法有着密切联系，也是激发大学生求知欲的基础。创新意识的产生，需要得到某种介质的支撑，这一介质指的是教师激发学生学习欲望与探究欲望的途径。而学生也在这一介质的引导下，逐渐通过针对性地学习来达到探究事物本质以及培养大学生创新能力的目的。在教学实践中，教师应该将重点放在引导学生的学习欲望上，可以采用的引导方式是丰富多样的，比如语言引导、动作引导等，进而达到激发学生学习意识的目的。在整个教学过程中，教师的作用是不容忽视的，即使该教学法以学生探究为主，教师自我探究也不能停止，这样一来教师与学生的主体地位都能实现。与传统的灌输式教学法相比，探究式教学法更加注重对学生的启发，而且学生通过探究所获得的知识也能够更加快速有效地转化为创新能力或者科研能力，原因在于学生的主动思考能力能够在这一过程中得到有效提升，从而让学生可以将理论知识转化为自己的观点，进而在创新实践或者科研实践中转化为能力素质。学生主动思考能力的培养是探究式教学法的成果，同时也是教师教学思想的具体体现。在教学实践中，教师要促进学生自主学习能力的提升，并且以学生为中心来提供教学资源以及思维方式的培养，尤其要培养学生立足于实践解决问题的能力。有时外部的教学环境并没有达到预期效果，正如某些高校因办学条件的限制而造成的影响，但是教师与学生并不能因为这样的环境而放弃自身的努力，反而应该充分发挥自身的主观能动性来促进培养模式、培养途径以及培养手段等的丰富，进而促进创新及科研能力的有效培养。

第二，可以采用教与学双向互动教学法。教与学的双向互动教学法是一种以师生互动为基础的教学方式。在使用这一教学方法时，教师需要将教学大纲、学习目标、学习重点等明确向学生展示，而学生根据这些内容进行专项学习，如果遇到问题则由学生与教师共同来解决。这一教学法中，教师与学生的互动效率会关系到其开展效率，而且学生也能在教学过程中获得个性发展，以及通过建立良好的人际关系来增强团体凝聚力，进而有利于良好学习氛围的形成。除此之外，双向互动法的使用也能激发学生的合作意识与竞争意识，从而将其转化为学习的浓厚兴趣与积极性。

在大学生创新及科研能力的培养中，教师的"教"与学生的"学"需要通过某种方式联合在一起，而这种方式通常会由教师来决定。从这一层面分析，教师会成为这一教学法中的重要桥梁，而学生则基于此桥梁来与教师形成良好的互动。在教与学互动教学法中，教师为主导，学生为主体，两者之间的双向互动会产生互为中心的效果，比如学生需要根据教师的教学安排来接受知识，而教师则需要以学生为主体来安排教学内容。在两者的互动过程中，会促进教学内容更加适合学生需要，而教师的辅导作用也会极具针对性，从而让学生形成主动学习、主动探索以及主动科研的良好习惯。教学与双向互动教学法的特点如下：第一，教师与学生的关系既矛盾又统一，但是主导性与主体性之间可以实现融合；第二，学生能够通过这样的教学方法来培养自己的独立意识；第三，教师与学生的关系是互动的，双方可以通过互动来取得更好的培养效果。

在传统教育中，学生的地位是被动的，只能通过服从教师安排来获得知识。

长此以往，学生的自主学习能力就会逐渐被削弱，进而导致失去创新意识以及个性追求。高校要想通过教与学双向互动的教学方式来增强师生之间的互动，就要更新教育观念，同时通过教师培训来确保这一教学方式的切实实行。教师与学生的地位是否平等决定着教学活动的开展效果，但是教师先天就具有地位上的优势，因为他们是知识的传导者，而学生只是被动的接收者。想要改变这样的情况，就需要提高教师的教学素质，使教师认识到平等的师生关系对于获得更好教学成果的作用。同时，教师可以利用自己的丰厚知识来平等地辅导学生，并且鼓励学生提出自己的见解。其实教师除了传授学生知识外，其处理问题的方式、不断创新的激情以及勇于探索的勇气等都会成为影响大学生成长的重要因素，而这些因素能够有效地促进大学生创新及科研能力的提高。在构建双向互动教学法时，可以通过多个平台的使用来实现这一教学法的开展，除了最为常见的课堂外，还包括网络平台、实验室、科研基地等多种互动平台。这些平台中除了需要教师与学生的积极参与外，高校也应该在多个方面提供支持，比如能够在教学资源方面提供帮助。

第三，可以运用现代教育技术教学手段。现代教育技术是基于信息技术取得的发展，主要使用方向为通过丰富教学手段来改变传统教育方式。在传统教育中，学生获取知识的方式主要是在课堂上；而在现代教育中，学生获取知识的渠道得到了极大的丰富，比如学生可以通过网络来快速获取信息。除此之外，在信息技术的支撑下，教师与学生的互动方式也得到了丰富，而且有着良好的互动效果。基于现代技术构建的教学方式与学习方式能够以其丰富多样的交互方式、快速便捷的信息获取以及真实可见的情境创设得到更好的教学成果，因而可以广泛应用于大学生创新及科研能力培养过程中。

依托现代教育技术形成的多媒体教学与互联网教学已经逐步成为高校教学的主要手段，这种教学手段的优点为：能够更为直观地向学生呈现表格、图形等内容，而传统的口头方式很难达到这样的效果；能够进一步扩充教学知识的信息量，进而使学生短时间内获得大量的知识内容；能够取得更为直观、生动、有趣的教学效果，尤其是在讲授一些较为抽象的知识时，可以让学生更为准确地理解。现代教育技术对优化大学生创新及科研能力培养模式有着重要作用，能够提高大学生在知识学习、运用等方面的效果，进而取得良好的培养效果。

现代教育技术手段与传统教育手段各具优势，虽然传统教育手段有很多缺点，但并不是没有可取之处。尽管现代教育技术手段具有信息传达快、呈现效果好等优点，但是如果没有教师的合理引导，学生也很难充分理解知识内容。这就需要在教学实践中将现代教育技术手段与传统教育手段相结合，进而通过各自的优势来取得良好的教学效果。学生在课堂教学中能够通过直观、快速的方式获取相应的知识内容，这对于提升学生学习的主动性有一定作用，原因在于学生对这样的知识内容更为欢迎，而学生也可以通过直观的内容来获得知识运用能力的提升，进而为创新及科研能力的提高打下基础。

四、实施产学研结合，为学生创新能力的培养搭建平台

产学研人才培养模式具有先进性，将人才培养中的各个环节综合到了一起，并通过具体措施使每个环节得到贯彻落实。世界上有很多依托产学研模式获得成功的例子。这些成功的例子具有一些共性：首先，高校处于中心地位，其主要职能是培养人才以及进行科研研究；其次，高新技术产业群主要负责将科研成果快速转化成科研产品；最后，教学、科研、生产得到了良好整合，形成了三位一体的科技工业园区。通过对国内多所高校的调查发现，很多高校科研人员并不具有强烈的科研主动性，原因在于科研投入与收获不成正比以及较为滞后。而在产学研科技工业园区中，科研成果转化周期的缩短可以改变原先的状况，因而能够极大地激发高校科研人员的科研热情，这对于塑造大学生的创新精神以及提升创新能力具有重要意义。从产业发展的角度分析，也需要大量创新人才的支持，与其大海捞针般在人才市场上寻找，不如与高校建立密切合作关系，让高校直接为其培养人才。同时，高校也能依托产业所提供的实习基地开展效果更好的实践教学，为培养学生更出色的实践能力提供支撑。

1. 产学研结合是多赢之举措

在产学研体系中，高校、企业以及市场之间具有密切关联，高校是育人主体，企业是生产主体，而市场为导向主体。高校师生身处象牙塔，虽然所学知识甚丰，但往往只是理论，很难在实际中发挥作用；企业在与高校合作后，可以为

师生提供锻炼实践能力的机遇，不仅能将所学知识运用于实践中，还能为师生提升创新素质创造条件。所谓人才，就要与社会需求相符合，如果脱离社会需求，也就不能被称为"人才"。很多高校在人才培养中闭门造车，只是专注于向学生灌输理论知识，而对于如何运用、如何服务社会没有深入研究，从而造成高校人才培养不能满足社会需求。现在大学生就业形势如此严峻，与这一方面有着很大关系。在人才竞争日益激烈的年代，仅仅依靠高校的力量是不够的，还需要借助社会力量。

从企业的角度分析，企业的发展需要人才的支持，只有保证人才供应的持续性，才能促进企业持续发展。创新型人才是企业优化发展方式、开展新型业务、深化现代管理模式过程中最具活力的因素，但是想要发挥创新型人才的作用，需要建立在良性的企业管理机制上。产学研体系的建立凸显出校企合作的重要性，也是促进高校科技资源与地方经济发展相融合的支撑。高校与企业是相互合作、相互促进的关系，高校的优势在于拥有丰富的教育资源，企业的优势在于可以提供充足的实习基地和实验设备，两者的合作既有利于提升人才培养质量，又可以加快科研成果的转化速率。

2. 产学研结合适应教育创新的要求

教育创新是新时代的必然要求。教育创新包括教育思想、教育手段、教育方法、教育技术等方面的创新，目的是促进教育事业的更好发展，进而培养出素质更加全面、知识更加渊博、能力更加出众的优秀人才。产学研体系的建立对于教育创新具有推动作用，首先，产学研结合是一种先进的教育思想，摒弃了传统教育思想中单一、孤立的思想元素；其次，产学研结合引入了新的教育方法，不再只是传统的"教师讲、学生听"；最后，产学研结合促进了教育与社会需求的联动，使高校培养出的人才能够切实满足社会需求。产学研体系极大地提升了人才培养质量，使学生的综合素质得到了显著增强，比如自学能力、解决实际问题能力、科研能力、管理能力、创新能力等，另外，学生接受到的知识内容也得到了革新，引入了更多满足社会需求的知识内容。

从创新型人才培养角度分析，教育创新的目的是优化创新型人才的各项素质，除了知识、技能等方面外，还要引导他们的心理与品格方面更加完善，比如创新型人才要具有高尚的品德与稳定的心理，这样才能在创新领域获得更大成就。创造精神与创造能力是创新型人才培养中最为关键的两个方面，要想将这两个方面与心理、品格等融合起来，重要的是提供创新的科技实践活动。因为仅仅采用说教的方式是不够的。通过科技实践活动可以激发学生的参与兴趣，能让学生更加积极思考，从而更好地挖掘学生的创造力，为塑造创新思维与创新精神奠定基础。

3. 产学研体系弥补了学校教育功能的不足

产学研体系的建立拓展了教育维度，不再局限于传统的课堂式教学，从而起到了弥补学校教育功能不足的作用。开展高等教育的目的是提升人才质量，但是长期以来，由于高校采用了较为传统的人才培养模式，造成培养出的学生并不能很好地适应社会，不仅发挥不出服务社会的作用，还会影响自身的发展前景。这种局面必须得到革新，要通过建立产学研体系使学校、教师、学生、社会、企业、科研单位等形成广泛联系，进而借助多方合力促进学校教育效率的提高。

第一，为学生提供一个学以致用、实践创新的舞台。通过调查发现，我国高校中的学生在学习理论知识方面总结出很多方式和技巧，因而可以在理论考试中取得不错的成绩，但是由于缺乏实践平台，学生不能将所学内容应用到实践中，因而导致实践能力差的结果。产学研体系的建立可以为学生提供实践平台，让学生获得展示自身才华、学以致用以及实践创新的机会，从而达到全面提高动手能力、操作能力以及创新能力的目标。

第二，使人才培养处于学校和社会两种教育环境中。长期以来，学校与社会呈现一种分离关系，学校如同学生的避风港，能够规避繁杂社会所带来的冲击。但是学生不可能一直待在学校，终究要走上社会、面对社会，因而会有一些学生需要较长时间来适应社会，这样就会使学生的发展陷入停滞，甚至错失绝佳的发展机遇。学校教育与社会教育应该衔接在一起，比如在产学研体系中，学生不仅要完成学校的教育教学要求，还要完成企业交代的生产性工作任务，尤其是在一些企业发起的科研项目中，学生的学习过程与科研过程更是会重叠，这对于进一步锻炼学生的自控能力、实践能力等具有重要作用。学校、企业、科研单位各具特点与优势，如果能够将三者的优势充分结合起来，就能够更好地帮助学生全面发展。高校主要通过开设思政课来强化学生的思想素质，但是思政知识的丰富并不代表思政水平的提高，只有学生能接触到真实环境以及解决实际问题，才更加有利于思想素质的夯实；学生的业务素质和行为素质更是需要通过实践锻炼进行提高。

4. 产学研结合的有效途径

第一，建立双向教师流通机制。高校教师的选拔要扩大范围，不能只局限于师范专业中，要积极聘请研究机构、产业部门的精英担任教师，同时，产业部门在开展项目研究和生产时，也可以聘请高校、研究机构的领军人物担任项目负责人或者指导专家。建立双向教师流通机制的目的是实现精英人才的最大化利用，并且可以通过流通产生良好的带动作用，为培养更加优秀的教师团队与产业团队奠定基础。高校教师在参与生产性科研项目时，能够接触到最新的技术以及了解当前市场发展状况，而这些信息可以融入教学内容中，使学生的学习更有方向感。另外，科研成果转化周期的缩短可以让科研工作者更快发现科研项目中存在的问题，进而基于相关问题开启下一轮科研项目。高校教师通过合作平台可以进一步提升实践操作能力，一改之前理论研究强、实践操作弱的问题，从而为培养出高素质、复合型人才提供支撑。大学生科研活动中存在散乱、不够专业等问题，这极大地影响了科研项目的开展价值以及开展效率，究其原因，主要是高校教师能力有限，只能引导学生参与科研项目的具体环节，而在培养学生独立设计科研课题方面效果不佳。借助双向教师流通机制，可以开阔高校教师的眼界，促进教师了解启动科研项目的一般规律，从而在教学中对学生进行更好的指导。

第二，创建新型教学网络。传统的教学网络具有极大的局限性，网络主体通常是课堂和校园，也正因如此，传统教学网络中的知识传达偏重理论，造成学生只能获得理论知识，难以将其转化为实践能力。与产业部门相比，学校的配置如实验室、实验设备等通常是落后的，并且十分有限，难以为学生搭建合格的实践平台。在这样的实践平台中，学生的实践能力得不到良好锻炼，所学理论知识难以学以致用。产学研体系的构建可以促进新型教学网络的形成。在新型教学网络中，网络主体进一步丰富，不仅包括课堂和校园，还加入了企业、科研机构、市场等，这不仅可以提供丰富的教学资源，还能提供高效运行的实践平台。更重要的是，新型教学网络具有开放性，能够不断吸收前沿科学知识与人才培养模式，帮助高校不断革新知识体系以及人才培养方式。传统的课堂教学只是灌输知识的过程，而在产学研体系下，课堂教学会与科研项目、生产任务等形成密切联动，从而让学生获得更有价值的知识。

第三，建立科研基地，促进学生带成果创业。创新创业教育已经在各大高校得到开展，但从实际效果看，最大的问题是缺乏实践平台，学生受益程度不容乐观。建立科研基地是解决这一问题的重要途径，可以促进高校的创新创业教育落到实处。其一，学生能够依托真实的市场需求启动科研项目，并在得到企业认可后获得资源支持；其二，学生在取得科研成果后，可以快速实现快速转化，并根据转化结果开启新的研究。如果科研成果产业化难题可以得到解决，将会激发学生更加强烈的创新创业激情。产学研体系的建立让教师和学生拥有了了解市场动向与企业需求的机会，这对于优化教学程序、创新教学内容具有重要作用，从而为培养出创新水平更好的学生创造条件。大学生在取得创新成果后，可以依托这一体系进行带成果创业，这不仅有利于学生的发展，还能营造更加良好的创新人才培养氛围。

第五章 具体案例分析——以广西壮族自治区某高等院校为例

第一节 国际化背景下高等院校创新人才界定和特征

一、高等院校创新人才的界定

（一）高等院校创新人才培养目标定位的依据

1. 高等院校为社会培养一线人才

人类的发展历史就是一部创新史，随着人类历史的不断发展，理论、技术、科学、体制、市场等都不断创新。其中，自主创新主要包括三个层面：第一层面是原始创新，主要包括在各个行业和领域中取得的重大技术发明；第二层面是集成创新，即将相关的技术产品融合在一起形成的具有竞争力的产品和产业；第三层面是引进外来的科技成果进行吸收和消化后再进行的二次创新。

以往，劳动基本被分为简单劳动以及复杂劳动两种类型，但是在当今社会，这种划分已经无法适应社会的本质需求。因为当代社会科技发达，很多劳动内容都可以使用机器完成，人主要进行的是创新劳动。创新劳动包括以下三个层面：底层的技术改进、效率提升、质量提高等；中层的生产技术、生产工艺、管理体制、模式创新等；高层的创造发明层面的科学理论创新。虽然这三层劳动创新内容不同，但是实质上，这些内容都是相互依存、相互支撑、相互作用的。经济社会要想长远发展，就要以高层的创新劳动作为发展动力；在中期发展的进程中就需要中层创新劳动作为发展动力；短期的发展动力则来自低层的创新劳动。从当前高等教育的人才培养定位来看，高等教育培养的人才大多都会从事生产一线工作，与社会生产、生活和资源等要素保持紧密的联系，而且大多都会与消费者、客户直接进行现代联系。

2. 现代企业对创新人才的要求

对于 21 世纪的企业来说，其最需要的就是创新型人才，因为现代社会的竞争从根本上来说就是创新能力的竞争，只有具有高强创新能力的员工，才能推动企业的进步，才能决定企业未来的生存和发展状况。

现代企业对创新人才的要求主要体现在以下几个要素中。

第一个要素便是观念创新。在知识经济社会，企业的生产和发展需要在知识创新、技术创新以及生产方式创新的基础上进行。对于企业来说，企业内部员工的工作理念将会对员工的工作能力产生非常大的影响，如果员工缺乏创新意识，无法在工作的过程中进行创新，就会导致企业失去生存的发展基础；反之，如果企业的员工拥有无限的创新和创造能力，不仅能够提升员工自身的发展空间，并且能为企业带来无限的发展生机。由此可见，对于企业员工和企业来说，拥有创新观念是至关重要的。

第二个要素是技术创新。技术创新并不是简单地指技术革新和新技术的应用，更重要的是指一项新技术从设计、研制到应用甚至是成为商品这一系列的过程，包括企业结构、管理模式、营销方式等内容的全面创新。对于企业员工来说，在工作的过程中一定要重视技术创新；对于企业来说，要注重技术创新型人才的引进，更要重用具备技术创新能力的人才，让他们在合适的岗位充分发挥作用。技术创新不仅需要企业内部员工积极转变自身的工作理念，还需要他们具备较高的专业素养和创新能力，进而适应当今社会的发展。

第三个要素是知识创新。在知识经济时代，知识经济的作用显得尤为重要，可以说知识经济是一种具有无限潜力的经济。时代在不断变化发展和不断创新，现代企业要想顺应时代的发展，就要积极推进知识创新与技术创新的结合，利用知识带动技术的发展。只有这样，才能提高现代企业的市场竞争力，使现代企业在知识经济时代占据一席之地。此外，知识创新是企业员工的一项必备素养，企业的生存与发展与每一位工作人员的知识创新能力都有着非常重要的关系。

第四个要素是服务创新。企业提供的服务功能是无形的，产品是有形的。通过对有形和无形的充分考虑，满足不同消费者的需求，充分体现出产品和服务的价值。从某个角度来说，服务所具有的价值甚至超过了产品的价值，这也为企业的发展指明了一个比较明确的发展方向，即服务创新。而且随着社会的不断变化和发展，人们的消费观念逐渐发生改变，转而更加注重精神消费和精神享受。现代企业只有在发展的过程中不断进行服务创新，才能在激烈的市场竞争环境中取得优势，赢得消费者的信赖，这也是服务创新可以为企业带来的优势。

（二）高等院校创新人才培养目标的定位

由于高等院校更加注重应用型人才培养的特征，决定了高等院校培养的人才是需要面向生产、建设、服务和管理工作第一线的技能型人才。尽管如此，高等院校毕业的学生在工作过程中会面临很多比较实际的技术问题，只有不断进行探索，将问题一一解决，才能不断改良产品，提高企业服务质量。从高等院校自身来说，因为高等院校自身的性质，所以导致学校会比较注重学生实际操作能力的培养，而且在课程安排中也有比较多的实践类课程。但是从毕业学生的基本情况来看，却可以发现学生的实际操作能力并没有得到实质性的提高，甚至在工作岗位上很难适应具体的工作。究其根本，主要原因包括以下几点：其一是学校的课程情况，因为学校将动手能力培养作为重点，所以在设置理论课程的过程中有所忽略，这就导致很多情况下学生在进行实践时往往没有理论基础的支撑，所以学生在进行实践操作时存在不严谨不规范的情况，久而久之，这种情况就会养成习惯，对于学生实际能力的提高并没有什么作用。另外一个原因在于，教师是组织、开展学习的主体，学生自身能力的提高必然会受到教师的影响。然而从实际情况来看，大多数教师是学生在毕业之后，直接进入学校进行就职的，所以这些教师虽然有着过硬的理论知识，但是在实践能力和工作经验方面有所欠缺，所以导致在教学的过程中无法积极对学生进行引导，最终学生的实践能力无法得到有效提高。学生实践能力不足，在工作的过程中就缺乏解决实际问题的能力，而教师本身又没有为学生传递一些经验，所以导致学生的提升非常有限。

由此可见，高等院校的人才培养目标应为技能型创新人才。因此，高等院校在人才培养过程中不仅要提高教学质量，促使学生在今后的职业生涯中拥有较高的职业能力和职业素养，更重要的是要帮助学生树立创新意识和创新思维，让学生可以对工作岗位的相关原理和标准有一个充分的了解，进而在工作的过程中可以不断进行创新。

二、高等院校创新人才的主要特征

（一）对岗位和职业环境有全面的认识

高等院校人才培养的目标是技能型创新人才。技能型创新人才与传统的技能型人才的区别在于，技能型创新人才在生产工作中的角色定位从简单的操作者转变为了技术应用创新者，也就是说，技能型创新人才不仅需要对某一个具体的岗位有所了解，还需要对生产的全部环节有所掌握，可以熟练地对生产流水线上的各个环节进行规范化操作。促进技能型人才向技能型创新人才转变的根本动力在于技能型创新人才对职业岗位的强烈的责任感和使命感。技能型创新人才拥有足够的进取精神，他们对职业拥有更加强烈的探索精神，这便是高等教育培养人才的重要特征之一。从传统的人才培养模式来看，他们培养出的人才只能按部就班地完成一些工作，自身的创新能力却非常有限，无法有效促进岗位的进步和企业的发展。传统的人才培养模式最大的缺陷便是如此，培养出的人才缺乏强烈的主动性。但是创新型人才和传统的技能型人才具有很大的区别，因为创新型人才不仅掌握了最基本的专业知识，而且还具有创新精神和创新能力，这是当今人才最需要的一项能力。因为在对这些人才进行培养的时候，更加注重学生的综合能力培养，这也让高等院校培养出的人才对行业乃至就业环境有了更加准确的判断和掌握能力。

（二）对专业技能熟能生巧

技能型创新人才的本质就是现代的技术型人才，这一类人才在进行创新时，不仅需要掌握理论技术，还需要掌握实践技能，通过理论技术与实践技能的相互配合，自如地进行创新。尤其对于技能训练来说，人才的技能水平会受到练习频率、练习质量以及人才自身的学习能力等各种因素的影响。也就是说，即使接受同样的课程教学，学生也会形成不同等级、不同层次的水平和结果。对于那些学习能力比较差的学生来说，他们需要通过强度更大、次数更多的训练来进行学习，从而保证自己对专业技能的掌握程度更高。这对于高等院校的教育也是一个非常重要的启示，即培养技能型创新人才要提高对实践训练的重视程度。然而对专业技能的熟能生巧并不仅仅是指对某一项技能可以熟练掌握，也不是指对所学知识熟练掌握，而是需要他们在自己的岗位上不仅可以做到学以致用，还能够做到不断创新。高等院校毕业的学生一般都是奋斗在第一线的工作者，从实际工作来说，他们自身的能力将会对整个产业产生至关重要的影响。工作者的能力强，那么他们的生产效率就会非常高，相反，如果他们的工作能力弱，那么生产效率自然也会受到影响。而对专业技能的掌握，更重要的是能够在原有的掌握基础上，通过不断地工作来实现升级和创新，这样才能保证人才可以拥有比较强的竞争力。

（三）拥有扎实的专业知识和广泛的兴趣爱好

随着科学技术的不断发展，各种各样的新技术、新材料层出不穷，在这一背景下，高等院校培养出的技能型创新人才不仅要具有较强的专业能力，还需要能够将自身的专业能力与专业知识进行有效的结合，以便在实际的工作过程中可以解决各种各样的问题。因此，高等院校的人才，就需要在学校学习的过程中拥有比较扎实的专业基础知识，随着各行各业之间的联系越来越密切，跨学科已经成为一种非常普遍的现象，高等教育培养的技能型专业创新人才同样需要具备跨学科素养，这样才能通过日后的工作推动企业的发展和进步。要让学生拥有扎实的专业基础和广泛的兴趣爱好，就要从高等院校培养出的人才以及市场需求来培养。现如今，社会发展非常迅速，人们的需求也在随着社会和市场的发展而不断变化，不论是什么产品，都有一定的火热期，在热度降下来之后人们就会把目光转向另外的产品。高等院校的学生可以拥有比较扎实的专业知识，首先可以让他们在自己的岗位上将各种工作处理得游刃有余。其次，通过培养广泛的兴趣爱好，可以在工作和进行产品设计的过程中将产品与各种内容进行有效结合，进而拓展产品的受众群体，产生更大的经济效益。最后，值得注意的是，兴趣爱好的培养，并不仅仅局限于和自己专业相关的内容上，反而可以按照自己的喜好去进行了解，这本身对于学生和企业来说并不是什么坏事。

（四）拥有解决问题的能力且随机应变

对于高等院校培养出的人才来说，他们不仅需要专业、扎实的技能，还需要有比较卓越的观察力和思考能力，在解决问题的过程中，既要将自身所学的知识应用到解决问题的过程中，还需要具备对实际问题进行一定甄别和选择的能力。其一，学生在学习的时候，一定要对专业知识进行高效的学习；其二，在学习的过程中，有些知识是不断更新变化的，课程教材更新的滞后性导致有些课本上学习的内容并不能在实际的工作中解决一些问题，所以就要求学生不仅要不断学习新的知识，还需要在学习的过程中根据具体的情况和问题选择最有效的解决方式进行解决。也就是说，技能型创新人才需要不断提高自己的动手能力和动脑能力。

（五）拥有善于突破的思想和能力

对于高等院校培养出的一线工作者来说，他们在工作的过程中要具备更强的使命感和责任感。对于技能型创新人才来说，他们不仅要遵守相应的规则，更需要具备突破传统的能力和思维，如随机应变能力，实际上正是要求创新型技能人才在工作的过程中突破自身、突破传统观念的束缚的具体表现。突破不仅代表着自己的成长，更代表着企业的进步。突破传统观念的束缚，让企业职工和企业可以在寻求真理的过程中不断进步，这是一个企业职工和企业双方共同成长的过程。所以，高等教育培养的技能型创新人才，需要具有善于突破的思想和能力。

（六）拥有较强的个人能力和合作能力

随着社会的发展，行业之间的分工越来越细化，任何一个人在工作的过程中依靠自身将全部的工作完成具有不可实现性。而且随着信息技术的不断发展，人与人之间的沟通交流越来越便捷，沟通合作已经成为很多企业的重要共识。因此，技能型创新人才不仅需要有较强的个人能力，还需要拥有较强的合作能力。通过团队合作，发挥每一位技能型创新人才自身独特的价值，将自己的本职工作做到极致，充分体现出自己的价值。在合作的过程中，每个人一定要对自己有一个充分的认知，让自己在合适的岗位上发挥自己的作用，既不能高估自身的能力，也不能对自己过分不自信。如果个体是团队的领导者，更需要对团队中的每一位工作者都有所了解，了解每一个人的长处，在工作过程中安排他们在合适的岗位中发挥自己的作用。所以，现在的技能型创新人才，不仅需要拥有较强的专业能力，还需要具备合作的能力。

综上可知，一线技能型创新人才在当今社会应当始终具备较强的个人发展能力。高等院校应当以培养专业的技术专门人才为基本目标，帮助他们不断树立创新意识、培养创新能力，真正让技能型创新人才成为拥有动作技能和智力技能的全面人才。从当今的市场需求可以发现，一线技能型人才应当具备的不仅是岗位能力、专业能力、创业能力，最重要的是创新每一项能力，超越原有技术的限制。不断创新既需要在理论方面进行创新，还需要在技能方面进行创新；不仅需要具备创新精神，更需要具备将创新能力转变为实际成果和技术的能力。

三、高等院校培养创新型人才的作用

（一）高等院校培养创新型人才的必要性

普通高等教育与高职教育存在很大的区别，两相比较，高职教育人才培养更加注重实践应用能力的培养，以培养适应生产、建设、管理、服务第一线需要的高等技术应用型专门人才为主要目标。所以，高等院校在培养人才的过程中，一定要注重创新教育的开展，培养学生的创新能力。

1. 知识经济时代的迫切需要，有利于增强我国的综合国力

培养具有创新能力的技能型人才是当今知识经济时代的迫切需要，有利于不断提高我国的综合国力和国际竞争力。在知识经济时代，知识创新、知识创造就

是促进时代和企业发展的重要推动力。在这一时代，国家的创新能力主要包括知识创新和技术创新，这些因素决定了一个国家在国际竞争乃至全球战略格局中的位置和地位。在科学技术突飞猛进的时代，知识经济的崛起已经成为不可逆转的趋势和潮流，我国高等教育能否在这一时期不断发展自身，培养具备创新能力的技能型人才，是知识经济时代对高等教育提出的考验。

2. 高等教育改革的主要任务，有利于实现我国教育的转型发展

高等教育是培养高质量创造性人才的重要场所，随着市场经济体制的不断发展，高等院校原有的教育观念和教育体制不断发生改变，原有的教育模式已经无法适应当今社会对人才的要求，也无法为社会培养出具备综合素质和高质量人才。从高等院校人才培养的具体情况可以发现，专业课程设置过窄、教学内容过于陈旧、人文社会科学知识教育相对缺乏、创新精神的缺乏都是当前高等教育中普遍存在的问题。长期在这样的环境下进行学习，人才的素质、特长、个性以及创新能力都无法得到有效的提升。高等教育要保证培养出的人才可以适应当今时代的需求，就需要对人才培养模式进行变革，保留传统的人才培养模式中比较先进的成分，创新教育教学模式，将创新能力的培养落到实处。

3. 高等教育中开展创新教育具有现实针对性

知识经济时代的核心就在于创新，尤其是拥有创新能力的人才，更是这个时代必不可少的人才资源。从我国当前的发展现状可以发现，各行各业乃至各学科之间都在相互渗透、相互交叉发展，导致很多专业之间其实存在大量的交叉内容，这也从另一个角度表现出我国复合型人才的缺乏。但是不得不承认，长期以来，高校在人才培养的过程中过分注重专业教育，忽略了创新能力的培养，在教学的过程中单纯注重知识灌输，忽略了学生实践技能的发展，导致高等教育培养出的人才单一，缺乏创造力，无法适应当今社会经济发展的需求。而高等院校创新型人才培养的是生产一线的技术应用型人才，强调拥有学用结合的能力，需要具备较强的实践能力。所以，高等院校在教学过程中一定要认识到创新能力培养这一重点，在教学的过程中将这一项内容作为人才培养的切入点；针对当前社会处于知识经济这一具体社会背景，改变以往高等教育不注重创新型人才培养的

弊端。

4. 开展创新教育有利于突出高等院校的特色

我国高等教育的起步时间较晚、发展时间相对较短，发展中存在一些问题，这些问题的存在严重制约了我国高等院校的人才培养。近年来，随着我国教育改革的不断推进，高等教育对于学生实践能力的培养越来越重视，但是从教育体制来看，高等教育的思想观念依然没有得到实质性的转变。很多高等院校在培养人才的过程中，片面地对普通高等院校的课程结构和学科内容进行模仿，过于注重理论内容的教育，忽略了校企合作的重要性，导致高等教学存在教学与实际情况脱节的情况。高等院校学生学习的内容与社会现实的需求并不吻合，高等院校毕业学生掌握理论知识，但是却不具备运用知识进行实践的能力和机会，导致学生综合能力无法得到实质性的成长和提高。知识传授式的教学严重忽略了学生运用知识、独立思考、创新创造等能力的培养，甚至直接扼杀了学生自我提高和自我思考的能力。为此，高等教育只有进行创新教育，并且将创新教育贯彻到专业设置、课程设置和教育模式的每一个环节中，以社会的客观需求为导向，才能真正培养出社会真正需要的人才。此外，高等教育在进行创新教育的过程中，一定要以实际的岗位需要为指导，保证学校可以与社会积极合作，最终为社会培养出创新型专业人才，充分体现出高等院校的特色。高等院校作为培养高技能人才的基地，在社会发展的过程中，要时刻把握住市场的变化节奏，积极进行改变和创新，真正从企业和社会实际情况出发，培养创新型人才，充分体现出高等院校的教育质量。

（二）高等院校技能型创新人才培养的作用

现如今，我国社会正处于高速变化时期，人才资源已经成为非常重要的战略资源，技能型创新人才作为我国人才队伍的重要组成部分，在提高我国自主创新能力、促进创新型国家建设的过程中发挥着非常重要的作用。

1. 一线技能型创新人才是自主创新的基础

推进自主创新最重要的就是要在关键领域以及相关的技术前沿掌握核心技

术，并且拥有一批自主知识产权，大幅度提高国家竞争力。技能型创新人才是国家进行生产、运输以及服务行业和相关岗位的一线人员，所以他们应当掌握专业的知识技术，具备比较精湛的操作技术，还需要在实际的工作中解决一些实际性的操作难题。技能型创新人才在工作的过程中，需要具备灵活运用新知识、不断推动知识创新的能力，他们需要将自身作为纽带将自主创新能力与相应的工作岗位进行联系，推动两者之间的有效结合。

2. 一线技能型创新人才是自主创新的要求

当代技能型创新人才具备的突出特点便是具有较强的创新意识、较快的创新速度以及较强的创新能力。在实际的工作中，每一项技能的开发运用都需要在原始的基础上不断进行创新然后形成，每一种信息技术和新产品的出现和推广都需要以不断的实践加上不断的创新才能逐步完善。因此，技能型创新人才要想不断成长，就需要不断进行实践、不断进行创新。所以，技能型创新人才的发展过程其实就是在实践的过程中不断进行自主创新，自主创新是一线技能型人才培养的要求。

3. 一线技能型创新人才培养推动文化创新

要想不断提高一线技能型创新人才的自主创新能力，就需要大力推动文化的创新，利用精神文化创新来带动人才创新能力的提高。创新文化是一个国家文化软实力的象征，对国家的发展和走向起到了关键的指导作用。技能型创新人才一般都拥有比较扎实的理论知识文化和高超的实践动手能力，他们面对工作还需要拥有较强的敬业精神和职业道德，在工作过程中需要对工作认真负责、敢拼敢干，不断在实践中探索、在探索中实践，他们身上所体现出的创新意识和创新精神，都是一线技能型创新人才具有的特殊的精神文化。在这些文化的影响下，技能型创新人才始终处于自主创新的正向氛围中，这一氛围不断激励他们进行创新创业，也是高等教育改革发展的重要动力。

第二节　广西壮族自治区某高等院校对创新人才培养的探索

作为广西壮族自治区的教育机构，某高等院校如何利用学院内部的优秀教育资源积极为社会培养更多的创新型高技能人才一直都是这所学校的重要课题。通过培养创新型高技能人才，可以为当地经济提供人才和智力支撑。为了实现这一目标，该院校不断进行探索，并且取得了一定的成果，为我国高等院校的人才培养提供了有效的借鉴。本节内容从教育理念、人才培养目标、人才培养策略、校园文化、教学团队、教学改革、现代化平台建设等多个角度出发，对广西壮族自治区某高等职业技术学院的人才培养进行了阐述。

一、创新型教学理念的发展

高等教育要想培养技能型创新人才，就要对学校的教育理念进行创新，从精神层面更新、指引创新型人才培养的顺利进行。

（一）以学生为本

现代教育理念认为，谁获取知识，书就是课堂的主体。所以通过这一理念可以得知，学生是教学过程中的主体，然而不仅仅是高等院校，我国在各个阶段，在各种专业教学中，能够尊重以学生为本这一理念进行教学的少之又少，所以大多数情况下，学生学习的积极性并不高，甚至会产生厌倦学习的情绪。但是在创新型教育理念中，要将学生为本这一理念作为根本。在教学的过程中要对学生拥有深刻的认知，因材施教，尽可能帮助每一名学生发展自身的个性。只有让学生主动地进行学习，才能让学生融入更加丰富多彩的知识的世界，感受到知识的美丽，充分发展自身的个性、提升自身的能力。广西壮族自治区某高等院校在推动教学理念创新发展的过程中认识到了学生的重要性，在教学的过程中树立了以学生为本的教育理念。通过这一理念的树立，可以让高等院校的人才培养围绕学生展开，根据学生的不同需求和发展为学生构建多样化的人才培养模式，制定针对性的个性化的人才培养方案。为了能够充分发挥学生的作用，该院校建立了灵活自主的教学管理机制，通过良好的基础环境和硬件设施为学生营造自主学习环境，让学生可以在良好的氛围中学习、教师可以在良好的氛围中教学。

（二）注重综合能力

注重学生综合能力的提升，其实就是要实现学生的全面发展，即德智体美劳各方面和谐发展。在我国的传统教育模式下，不论是学校还是教师，都将学生的文化成绩放在首位，在进行教学的过程中严重忽略了学生其他方面能力的提高。在当今社会，人们逐渐认识到全面发展的重要性，而国家也在不断进行教育改革，试图在政策和方针的引导下可以让学校认识到学生全面发展的重要性，进而提升学生的综合能力。广西壮族自治区某高等院校在培养创新型人才的过程中，不仅注重对人才基础能力的培养，还注重对人才专业能力发展和创新能力的培养，注重人才的全面发展。通过多方面的发展，突出高等院校人才培养的特色。在知识经济时代，高等院校为了培养出更能够顺应时代发展、具有较强的竞争力的人才，将培养学生的创新能力、实践能力和发展能力作为教学重点，将培养具有创新能力、突出的实践能力和良好的发展能力的综合性人才作为学校的人才培养目标。

（三）注重教学的重要性

广西壮族自治区某高等院校在培养人才的过程中，一直强调教学的重要性，在培养人才和办学的过程中，始终坚持教学的核心地位，不断对教学方式、教学内容等进行改进，以期培养出创新型人才。首先，从观念的层面来看，教学可以有效地推动学校的发展。当前，一所学校办学质量的高低很大程度上是由毕业学生的质量和价值来体现的，而影响毕业生质量和价值的因素便是教学。其次，学校开展的科研活动和其他活动是为了提升人才培养质量，教学能够对人才培养发挥作用。最后在创新型人才培养的过程中，广西壮族自治区某高等院校以教学为主，通过更新教学内容、改革教学方式等不断培养和提升学生的创新能力和创新意识，通过将教学活动与实践活动的结合有效地提升学生的实践能力和社会服务能力。

（四）突出学校办学特色

学校办学特色其实就是学校在全面贯彻国家教育方针的基础上，根据学校自身的传统和优势，结合先进的办学理念而形成的特定的学校文化和办学风格。学校办学特色实在办学过程中表现出来的个性风貌，主要包括办学理念、学校制度、学校文化、物质环境等多方面。而且，学校特色也是一所学校办学的标志，是学校进行人才培养的优势。学校特色包括学校管理、人才培养、教育理念以及学科专业等多方面具有与其他学校与众不同之处。为了在培养创新型人才的过程中突出自身的优势，广西壮族自治区某高等院校对学校历史进行了深入的挖掘，对学校的未来发展进行了合理、科学的规划，将学校历史和未来规划这一特色合理地落实到了具体的教学实践中，以发挥学校办学特色对人才培养的重要指导作用。在突出院校办学特色的过程中，该学校对现代社会企业的发展趋势进行了充分的理解，然后根据社会的具体要求对创新型人才的培养进行引导；从自身的发展情况出发，要对自身的办学能力进行准确、客观的认知，在此基础上调整学校的人才培养战略。对于学校来说，培养人才最重要的就是稳步发展，需要在发展的过程中保证办学特色可以对人才培养起到推动作用，这也是广西壮族自治区某高等院校进行办学特色建设的原因。

（五）确定创新人才培养的目标

人才培养目标是学校进行人才培养的方向和引导，人才培养目标的确定不仅仅会影响学校的发展方向，甚至会通过学生对我国社会乃至国家的发展产生影响。所以高等院校在进行人才培养的过程中，一定要确定好人才培养目标。要以国家和政府的方针为基本依据，以市场需求为基本导向，从学校和学生的角度出发，确定好创新型人才的培养目标。在进行创新人才培养的过程中，广西壮族自治区某高等院校一直将党的教育方针贯彻到高等教育的全过程，并且与当地的区域经济进行了深度融合，做到了产教融合。新时期的人才培养应当以服务为宗旨，以就业为导向，致力于高素质的技能型人才培养。在产教融合的基础上进行的创新型人才培养，应当将学校与企业进行深度融合，一定要体现出双元制的特点，培养出的人才不仅需要具备扎实的理论功底，更需要对企业的运营模式有充分的认识。在新时代，学校进行人才培养，更重要的是培养学生的服务意识，使学生在毕业后无论从事任何行业都可以秉承着服务的理念进行工作，可以站在消费者或者客户的角度思考问题。高等院校应当在满足市场需求的基础上定位人才培养目标，将学生培养成为随时适应市场变化的高素质工作者。

二、创新型人才培养的策略

基于高等院校自身发展的特色以及学生的发展规律等特点，广西壮族自治区某高等院校在进行人才培养的进程中制定了以下几项发展策略。

（一）营造创新教育的环境，培养学生的创新能力

营造创新教育的环境，可以对学生起到良好的熏陶作用，让学生可以在学校的各个角落都可以感受到创新氛围，进而不断提高自身的创新能力。可以营造创新教育环境的场所包括学校的教室、实验室、宿舍、餐厅、图书馆、校园广播站等。通过这些场所创新教育环境的全方位影响，有利于学生树立创新意识、增强创新能力。人在成长和学习的过程中会受到各种各样的环境的影响，可见，环境对人的影响是非常重要的。为此，学校要从环境营造着手，积极为学生营造浓厚的创新教育环境。广西壮族自治区某高等院校充分认识到了学校环境的重要性，对学校每一处场所的环境建设都非常认真，除了硬件环境外，学校还对学校的宣传媒介进行了充分的认识和应用，发挥人文环境对学生的积极引导作用。另外，该高等院校积极调动多元参与主体的作用，将学校的教师作为示范者，以他们的行为对学生产生积极影响。首先，在教学的过程中，教师一定要注重教学内容的开放性，不能对学生的思维进行禁锢。其次，还要使用灵活的教学方式，根据教学内容选择合适的教学方式进行教学，通过灵活的方式进行教学。第一个目的是起到良好的教学效果，可以让学生在学习的过程中迅速掌握学习内容。第二个目

的是让学生学会灵活变通，进而提高学生的创新思维和创新能力。最后，从教学评价来看，为了取得良好的教学效果，不断激发学生的创新思维和创新能力，将过程性评价、终结性评价与形成性评价综合使用，采取多元化、全面性的评价方式。总之，教师作为引导者和示范者，一定要在教学的过程中努力通过教育创新来对学生进行积极引导，进而不断提高学生的创新能力。另外，学校还可以与当地的高新技术园区进行合作，为学生提供更高层次的实践平台，让学生可以在不断实践的过程中提升自身的创新能力。

（二）建立健全创新激励机制，鼓励学生积极进行创新

高等院校在培养创新型人才的过程中，不仅要为学生营造良好的创新教育环境，还需要建立健全相应的创新激励机制，鼓励学生积极进行创新。实际上，当前大学生群体存在一种普遍现象，那便是创新能力缺乏。但是高等院校培养出的人才是在企业一线工作的人员，所以高等院校学生创新能力的培养显得尤为重要。广西壮族自治区某所高等院校在培养学生创新能力的过程中，通过创新激励机制的作用对学生创新能力的培养起到了良好的促进作用。在教学的过程中，教师对学生进行积极鼓励，让学生充分发动自己的思维，即使学生的思维出错，也不会对学生进行歧视；在实践的过程中，教师对学生积极进行鼓励，尽可能让学生的不同见解都可以得到实践。此外，学校还鼓励学生积极参加各种创新知识竞赛，对学生在比赛过程中取得的创作和发明进行鼓励，针对有可能投入实际生产和转化为实际生产力的创作作品进行深入的研究。总之，学生拥有的创意点是无限的，教师只有对学生进行积极正确的引导，才能让学生在学习的过程中养成创新的思维，不断提高学生的创新能力。

（三）完善创新教育体系，实践创新教育全过程渗透

要培养学生的创新能力，还要注重从教学全过程出发对学生的创新能力进行培养。全过程是指学生从入学开始到毕业结束，在此期间的全过程都需要对学生进行创新教育，将创新教育渗透到高等教育的每一个环节。例如，高等院校在学校期间可以通过开设创新创业教育相关课程教学、进行知识讲座等方式，以此来

培养学生的创新精神；还可以将专业课程教学与学生的创新思维和创新能力进行结合，进而让学生的专业能力也可以有所发展。通过全过程的渗透和教育，可以让学生在学校学习期间对创新能力培养高度集中，养成不断创新的习惯。

三、创新人才培养的探索

（一）创新校园文化，弘扬创新精神

校园文化对创新型人才的培养具有非常重要的影响。为了不断培养学生的创新能力和创新精神，广西壮族自治区某高等院校在教学的过程中充分认识到了校园文化的重要性。为了持续发挥校园文化对学生创新能力培养和创新意识树立的正向引导作用，学校不断对校园文化进行改革，试图将创新精神融入校园文化中，将这一精神财富作为学校培养人才的重要教材。如今，社会的变化越来越迅速，企业也处于不断升级转型和更新换代的时期，人才要想在这一时期充分发挥自身的作用、从容应对社会和企业需求的变化，就需要具备一定的创新精神和创新能力。企业与人才是两个相互作用的主体，不仅企业自身的发展会对人才造成影响，而且人才的创新和发展也会对企业造成影响。人才拥有比较强的创新能力，就会不断推动工作环节的优化，为企业带来更高的经济效益和社会效益。由此看来，人才与企业的发展是一个相互影响、相互促进的过程。而在人才创新能力提升的过程中，校园文化发挥着非常重要的作用。

（二）建立"双师型"教学团队，培养创新型人才

高校本身具有强有力的人才优势，但是这些人才能否发挥出自身的优势，并且不断提升自身的创新能力，很大程度上取决于教师团队的影响。当前，高等院校的"双师型"教师团队数量非常少，无法有效地提升学生的创新能力和实践能力。为了改善这一问题，高等院校需要认识到"双师型"教师团队建设的重要性，通过多种手段和措施大力建设"双师型"教学团队，以促进创新人才的培养。为了不断充实教学团队，学校需要在教学的过程中不断对教师团队进行反思，探寻改良之策。近年来，广西壮族自治区某高等院校为了打造自己的教师团

队，从社会企业中聘请了大量具有丰富工作经验的专业人才来学校担任兼职教师，这些人可以充分将工作过程中遇到的问题和困难传授给学生，避免学生在工作之后走弯路。此外，针对学校内部的全职教师，学校在开展校企合作的基础上还为教师提供了参加企业生产实践的机会，通过生产实践的考验不断提升教师的专业能力和实践能力，提升教师的"双师型"素养。经过几年的努力，广西壮族自治区某所高等院校已经初步具备了"双师型"教师的规模，目前高等院校已经初步建立起了比较全面且专业的"双师型"教学团队。教学团队的逐渐完善，为高等院校人才培养创造了良好的条件，高等院校可以充分利用这一优势对学生的创新创造能力进行有效的培养。在"双师型"教学团队的影响下，该高等院校人才培养已经逐渐取得了良好的成绩。

（三）完善科研激励机制，为科研创新提供保障

高等院校要想不断提高学生的科研能力和创新能力，需要在教学的过程中为学生营造一个良好的科研创新环境。为此，高等院校有必要不断完善科研激励机制，为科研创新提供保障。广西壮族自治区某高等院校为了鼓励学生积极进行创造，设计了"产学研"一体化的发展战略，不断完善科研激励机制，设立专业的工作管理机构，通过不断完善的具体工作条例鼓励学校的师生参与科研工作和创新工作。此外，该高等院校还成立了科协、创办了学校学报，有效地促进了学校与外界的学术交流，推动了学校研究能力和科技创新能力的提升。在相关机制不断得以完善的基础上，该院校取得了越来越多的相关科研成果，学校师生在公开刊物上发表的论文越来越多，出版专业的教材数量越来越多，并且取得了十几项国家发明专利。院校师生取得的科研成果大多被企业应用，有效地推动了企业的发展。可见，科研激励机制对学生、学校科研能力的提高具有促进作用，学生科研创新能力的提高对企业的发展同样具有促进作用。

（四）根据学校和当地发展特点，创新人才培养模式

在长期的历史发展过程中，不同地区形成了当地特有的经济发展模式，不同地区的学校发展重点各不相同。通过对区域经济以及高等院校的发展特点进行有

效融合，可以充分体现出当地的发展特色，可以有效地推动当地创新型人才的培养。当前，大多数高校的人才培养模式都是"双元制"模式，这种人才培养模式在全世界范围内被广泛应用，广西壮族自治区某高等院校对这一教育模式进行了深入的研究，并将其与本校的发展特色进行融合，充分发挥本校的优势，积极探索，最终形成了独有的特色"双元制"。例如，在校期间，该高等院校的学生具有双重身份，既是学习者，在进入企业实践之后还是企业员工；培养场所包括两个区域，即学校和企业车间；培养出的人才也具有双重性，不仅可以从事企业工作，还可以在学校担任"双师型"教师，这种模式下培养出的人才一般都具有毕业证和技能等级证书两种证书，有效提高了人才的质量。在"双元制"人才培养模式的作用下，该高等院校培养出的人才逐渐向多元化层次发展，学生的就业能力和创业能力得到全面构建。总之，"双元制"对于高等院校人才创新能力的培养来说至关重要，是提升学生创新能力的有效措施之一。

（五）明确创新人才培养重点，推进高等院校课程改革

广西壮族自治区某高等院校在人才培养的过程中，摒弃了传统的人才培养体系和课程教学方式，对创新型人才培养进行了深入的挖掘；充分认识到创新型人才培养的重点，有效地推动了高等院校人才培养课程的改革。从高等院校课程改革几项重要的变化来看，高等院校从注重职业素质培养转变为注重职业能力的发展，从对技能应用能力的培养转变为对创新能力的培养。从高校职员课程的改革思路来看，高等院校课程改革的基本路线是首先根据人才培养重点拟定课程标准，然后根据行业以及企业的要求对教学项目进行开发和研究，最后对教学职场进行详细全面的规划，制定明确的人才培养目标。高等院校在进行课程改革时，一定要保证课程学习内容与职业挂钩，打造鲜明的专业特色，让学生在学习的过程中对这一课程有充分的了解，提高对应用领域的熟悉程度；要认识到更新教学内容、改革教学方式、革新教学评价的重要性。该校在培养人才的过程中，明确创新人才培养的难点，通过讨论式、引导式、论证式等多种方式开展教学，不断更新教学内容，采取多元教学评价方式。

（六）推进学校教学改革，不断丰富创新人才的培养途径

传统的教学过程一般具有强制性等特点，教师课堂教学以灌输式教学为主，学生需要绝对服从教师，教师在教学过程中具有权威性。在这样的人才培养模式下，学生很容易养成盲目服从的思维惯性，进而导致自身的创新能力、创新意识遭到限制，不断弱化自我价值。因此，高等院校要改变这种"一言堂"的人才培养模式。广西壮族自治区某高等院校在进行教学改革的过程中，始终坚持人才培养模式多样化发展的理念，试图不断推进创新型人才培养的发展，坚持教学模式的多样化发展，通过兴趣带动发展，充分满足每一位学生的学习需求，引导学生主动学习，避免在被动学习的过程中不断压制学生的学习兴趣。通过多元化的人才培养方式，学生的创新意识可以得到充分的启发，从被动学习的状态转变为主动学习的状态。通过为学生明确学习方向，可以让学生在创新能力培养的过程中大步向前、少走弯路。教学制度是具有极大变化性的，基于这一特点，教学内容要具有开放性、教学方法要具有灵活性、教学手段要具有现代性，从而满足学生多样化的需求。为了有效地提高学生的创新能力，高等院校在教学的过程中要注重实践教学训练，不断强化学生的基本能力，提高学生的综合素质，促进教学内容、教学方式、教学评价等向现代化转变，带领学生在充分自由的环境中学习，不断提升学生的创新意识和创造思维，使学生逐步养成创新习惯。

（七）建设创新团队，做好创新人才培养储备

创新团队的建设是创新型人才培养的有效途径和有效方式，这是因为在高等院校培养人才的过程中，教学课程能够起到的教学作用是十分有限的，为了能够不断促进学生的进步、提高学生的创新能力，需要高等院校积极建设创新团队对学生进行引导，做好创新人才储备工作。大学生创新能力的提升和培养离不开大学生的自主学习，为了实现创新能力培养的目标，教师在教学的过程中需要给予学生充分的自由空间，让学生进行自主学习、自主研究、自主开发、自主实践。所谓创新团队，是指学生有组织地建立的相关的工作团队，创新团队可以在课余时间积极参加各种创新活动和实践活动，是高等院校培养创新型人才的重要力

量。广西壮族自治区某高等院校将创新团队的建设作为高等院校培养创新型人才的重点，采取以下措施建设创新团队：其一，建设与教学课程相关的专业创新型实践团队；其二，建设为了参与各种职业技能竞赛的大学生创新实践团队。这两种创新团队虽然存在一定的差别，但是归根结底都是高等院校培养创新型人才的重要措施。通过这两种创新团队的建设，可以有效地推动高等院校人才质量的提高，不断为高等院校的人才储备提供高质量人才。

（八）积极开展创新技能竞赛，有效提升学生的创新能力

我国高等院校技能大赛种类非常丰富，其中影响力最广泛的是全国职业院校技能大赛。全国职业院校技能大赛由教育部联合天津市人民政府、工业和信息化部、财政部、人力资源和社会保障部、住房和城乡建设部、交通运输部、农业部、文化部、卫生部等23个部门共同组织举办的一项全国性高等教育学生竞赛活动，该项比赛是历年来参赛选手最多、社会影响力最大的一项高等院校竞赛。为充分展示高等教育改革发展的丰硕成果，集中展现高等院校师生的风采，努力营造全社会关心、支持高等教育发展的良好氛围，促进高等院校与行业企业的产教结合，更好地为中国经济建设和社会发展服务，我国举办该项比赛。该项比赛是专业覆盖面最广、参赛选手最多、社会影响最大、联合主办部门最全的国家级高等院校技能赛事。从2012年创办至今，该项比赛每年的参与学校和参赛人数持续增加，从刚开始的18个专业大类、96个分赛项目，到如今不断丰富的比赛种类，从侧面反映出了我国高等院校学生创新能力的发展。全国职业院校技能大赛可以充分对参赛学生的综合职业能力进行检验，因为这一届比赛基本都是以学校的就业专业为背景进行的竞赛，可以充分体现出参赛选手的组织管理能力、团队协作能力、现场应变能力等。

除了全国职业院校技能大赛之外，高等院校还可以鼓励学生积极参加创新活动。例如，中国机器人大赛暨 RoboCup 公开赛是中国目前最具影响力、最权威的机器人技术大赛，基本覆盖了中国现有最高级别的机器人专家和众多知名机器人学者，是当今中国机器人尖端技术产业竞赛和人才汇集的活动之一，涉及电子信息、通信网络、装备制造、人工智能等前沿技术领域。这项比赛可以充分体现出

一所学校的创新能力，可以为学生提供非常广阔的舞台，让大学生可以在比赛的过程中对自己的创新能力进行有效的锻炼，充分体现出大学生的创造创新能力。机器人竞赛属于高新技术对抗赛，涉及的科学领域众多，而且还涉及多种学科技术的综合利用，是一项集技术与实践于一体的综合性赛事。大学生在参与中国机器人大赛暨 RoboCup 公开赛的过程中，需要将自己在学校学习的知识进行充分运用，提出问题、分析问题、解决问题，不断进步。由此看来，中国机器人大赛暨 RoboCup 公开赛作为一项典型的大学生科技创新活动，极大地激发了学生进行创新的能力和兴趣，不仅可以丰富大学生的日常学习生活，还能充分激发学生的科研兴趣和创新兴趣，充分丰富学生们的科学文化生活，扩大学生创新群体，从根本上促进学生实践能力和自我学习能力的提高。

综上可知，通过参加各种各样的技能竞赛和创新能力竞赛，可以让学生的创新能力和应用实践能力得到有效的提升，这也是检验学生专业知识的一项基本手段。广西壮族自治区某高等院校通过这些举措让学生的创新能力得到了有效的提升。目前，这些措施逐渐成为我国高等院校培养人才的重要方式，将其与学校的人才培养进行融合，可以有效地推动高等院校人才培养目标的实现，提高创新型人才的培养质量和数量。

（九）建设创新平台，为创新型人才培养奠定基础

为了有效地提高学生的创新能力，高等院校要积极进行创新平台建设，为人才创新能力的提高奠定基础。

第一，为了有效地提高人才的创新能力，高等院校需要在进行课程教学的基础上建立实训基地，为学生提供实践场所，帮助学生尽快适应工作流程和工作环境。首先，要建立校内实训基地。现如今，很多院校在学校内部建立了专业的实训基地，让学生可以在上课之余或者在课中就可以进行实践，对大学生的应用能力进行了检验和提升，还有效地提高了学生的科研创新能力。当前，大多数高等院校都将教学计划和教学大纲与学校的实训基地进行了深度结合，运用模块化教学和项目化教学的方式对学生进行培养，开展了课堂教学、课外培训以及企业岗位三种不同内容的培训让学生的综合能力得到实质性的提升。在学生实训结束

后，经过专业的考试为学生颁发相关的职业技术证书以示鼓励。其次，除了校内的实训基地之外，高等院校还可以与当地的相关企业进行合作，实现产教融合和校企合作办学，拓展校外实训基地。通过这种方式进行办学，可以让办学主体得到丰富，如高等院校自动化技术专业可以与当地的电气自动化企业进行合作，实现资源共享、优势互补的目的；再如电讯专业可以与当地的各种推广宣传企业进行合作。最后，通过与外部企业的合作，一来可以解决学校校外实训基地匮乏的问题，为学生提供充足的实训岗位，让学生的能力可以得到有效的实践和提升；二来还可以帮助企业解决工作人员缺乏的问题，同时帮助学校和企业解决问题，实现优势互补。总之，通过校内实训基地的建设和校外实训基地建设的措施，可以有效地推动学生创新能力的实践进程。广西壮族自治区某高等院校在教学的过程中认识到了实训基地建设的重要性，构建了比较完善的实训基地体系，对学生创新能力的提升具有重要的推动作用。

第二，除了实训基地之外，高等院校还可以与当地政府积极进行合作，为学生建立科技园区和大学生创新创业基地，帮助大学生有效地提高自身的创新能力。从科技园区的角度来看，高等院校通过与政府进行合作，将当地的发展特色融入科技创新体系，推动当地科技与经济的可持续发展，全力打造一个为学生提供科技创新机会的园区，为大学生的创新活动和行为提供场所，通过技术创新、成果孵化和创新创业人才培养等手段为企业的发展注入活力。由此可见，通过科技园区的建设，能够同时对创新人才的培养和企业的发展起到推动作用。其次从大学生创新创业基地来看，很多地区为了鼓励毕业大学生自主创新创业，会建设专业的创新创业基地，以期有效地解决高校毕业大学生就业问题，对毕业大学生进行具有时效性的创业培训，为学生提供创业服务、进行创业指导，帮助大学生进行职业规划，点燃大学生的创业激情。广西壮族自治区某高等院校通过以上举措的开展，在培养创新型高等院校学生方面已经取得了比较明显的效果，同时促进了当地产业结构的优化升级，维持了当地社会的稳定。

四、广西壮族自治区某高等院校对其他高等院校培养创新人才的启示

从当前我国高等院校创新型人才培养的现状可以发现，很多高等院校都认识

到了创新型人才培养的重要性，并且开设了创新创业课程用于人才培养，但是在教学的过程中却无法将这一教学理念有效合理地深植于每一位教师和学生的心中。因此，如何在今后的教学活动中通过有效的举措来推动我国高等院校创新型人才的培养，是高等院校要解决的问题。

（一）改变教育观念

现如今，高等院校要想培养出具有创新能力的人才，首先需要改变传统的教育观念。传统的教育观念虽然可以培养人才，但是对于人才创新能力的提升并没有比较明显的效果。此外，时代在不断变化，企业在不断进步，如果高等院校在培养人才的过程中无法及时进行教育理念的更新，就会导致高等院校培养出的人才无法适应当今时代的发展。在知识经济的条件下，经济和科技是企业竞争的核心，人才数量的竞争已经无法决定企业的最终发展走向。所以在当今社会，高等院校一定要进行教育观念的改变，树立创新型教育观念，通过培养具备知识、技术能力的创新型人才满足社会和企业的人才需求。为了更新高等院校的创新教育观念，高等院校一定要在教学的过程中树立"产学研"三位一体的教学理念，充分将高等院校的教育与实际的生产劳动进行结合，克服传统的高等教育模式的限制，实现高等院校人才培养的创新发展。高等院校创新型人才的培养是一项比较系统化的工作，要实现创新教育、培养具有创新能力的人才，就一定要将创新教育理念融入教学过程的每一个环节和教学活动的所有参与主体。

1. 领导层的教育观念改变

创新教育不仅是企业和高等院校的发展需求，更是国家发展的客观需求。高等院校只有以创新型人才的培养为目标，才能在教学的过程中不断提升学生的创新能力和可持续发展能力。因此，高等院校一定要不断更新教育观念。高等院校的领导层需要认识到创新教育理念的重要性，只有这样才能保证创新教育理念的不断深入，进而对高等院校产生全面的影响。在对高等院校的领导层的教育观念进行改变时，需要从管理模式、管理机制、教学模式、学生活动等多个角度出发，对高等院校的人才培养进行系统化地改革，充分体现出创新教育的优势。

2. 教师层的教育观念改变

创新教育理念的贯彻，除了能够有效地提高学生的能力之外，还能够通过教育观念和教学方法的改变对教师产生深刻的影响。不可否认，教育观念的改变并不是一项简单的工作，而是一项漫长且曲折的工作，要想改变教师的教育观念，高等院校就要做出充分的努力，通过政策引导、教师培训、制度管理等多项措施对教师的观念进行引导，帮助教师教育观念进行转变，逐渐建立起创新教育的理念，进而不断提升创新教育的实效性。

3. 学生层面的教育观念转变

学生创新教育观念的转变归根结底是为了推进学生的进步，帮助学生提高自身的创新能力，因此，高等院校在教学的过程中要自上而下进行教育观念创新。但是传统的教育理念在学生的脑中根深蒂固，要想实现学生教育观念的转变并不容易。在学生教育观念的改变过程中，学生很有可能会因为自身固化思维的影响，导致教育观念改变的效果并不明显，这就需要教师在教学的过程中明确创新教育这一观念的重要性，将创新教育理念落实到教学各个环节，最终让学生通过长期、反复的练习有效地提高自身的创新能力。

（二）打造创新型教师团队

在提高高等院校学生创新能力的过程中，具有创新教育意识和创新教学方式的教师也是必不可少的因素。因此，高等院校需要为创新型人才的培养建设创新型教师团队，为学生创新能力的培养创造良好的机制以及营造适宜的氛围。

1. 以学校专业为基础创办学科性企业

打造创新型教师团队的第一个方式就是以学校专业为基础创办学科性企业。学科性企业本身就是一种创新性组织，它可以为教育、科技、经济的一体化发展提供良好的组织平台。通过创办学科性企业，可以对教师的科研能力、创新能力、实践经验等各项能力进行有效的提升。与此同时，这种方式也是一种培养创新型人才的新模式，这种模式可以为学生提供充足的实践机会和多样的实践方式，提高学生自身的实际操作能力。学生在学科性企业中可以学到在课堂上无法学到的知识，提高学生的实践能力和创新能力。高等院校可以安排教师到学科性企业挂职、兼职、任职等，提升教师队伍创新能力。

2. 通过教学改革提升教师创新能力

高等院校要极力加速推进学校的教学改革，保证在培养创新型人才的每一个教学环节都要充分体现出创新教育，只有这样才能将创新教育的理念贯彻到人才培养的全过程中。教师在所有的教学环节中贯彻创新教育理念，不仅可以对学生的思维进行改善，让学生的学习、活动都受到创新教育的影响，还能使教师受到创新教育理念的影响，最终提高教师自身的创新能力，启发教师的创新思维，最终提高创新教育的效果，实现教学相长。由此看来，推进学校的教学改革也是一项提高教师教学能力的有效措施。

3. 设立学生社团导师制

提高教师创新能力的第三个措施就是设立学生社团导师制。在创新型人才培养的过程中，设立学生社团、开展社团活动，也是提升学生和教师创新能力的有效措施。但需要注意的是，在进行社团活动时，一定要注意社团活动需要由专业的教师进行指导。教师在对学生社团活动进行指导的过程中应当积极进行角色转换，从传统课堂上的主导者转变为创新活动的参与者，提升学生的学习效果，及时改变教师自身的教育观念，促进教师创新教育习惯的养成。可见，设立学生社团导师制也是打造创新型教学队伍的一项重要措施。

（三）丰富创新人才培养的途径

创新创业教育要面向全体学生，只有将创新创业教育真正融入人才培养的全过程，在专业教学的基础上转变传统教育思想、更新教育观念，不断提高学生的社会责任感、创新精神、创新创业能力，才能完成创新型人才培养的目标，不断提高人才的培养质量。

1. 创新办学模式

高等院校的人才培养目标以培养技能型人才为主，主要为地方经济建设服务。但是，不同地区的经济发展状况有所不同，不同地区对于人才的要求也有所不同。学生只有走出学校，进入一线工作，才能真正适应企业的根本需求。产教融合是当前高等院校培养人才的主要模式。这种模式作为高等院校培养人才的一种基本模式，在人才培养的过程中起到了非常重要的作用。产教融合，顾名思义，就是将产业与学校的教学进行高度融合，通过高效、合理的管理方式，让学生在学校期间就可以深入生产一线工作，这样一来，学校培养出的人才与社会企业真正需要的人才之间的差距就会越来越小，可以有效地提升学生的社会竞争力。通过社会实践，学生做人做事的标准可以得到有效的提升。由于学生参加社会实践活动的频率增加，他们的创造性思维也可以得到有效的提升，这对于学生的实干精神和动手能力的提高都可以产生促进作用，有效地激发学生的创新精神，帮助学生不断提高自身的创新能力。

2. 制定人才培养方案

培养创新型人才还需要制定完善的人才培养方案。人才培养方案的制定首先要以创新教育为主线，让学生从入学教育开始就接受创新教育课程，树立创新教育的理念，以便学生在后续的学习中可以始终秉持着创新的思维和理念；其次，学校还要在各种活动中贯彻创新教育的理念，将这一理念落实到课程教学的各个环节；最后，在学生临近毕业阶段，学校还需要为学生安排创业课程的教学，并且为学生提供创新创业基地让学生进行实践。

学校在制定人才培养方案时，就要遵循个性化教育原则。在创新人才培养的过程中，个性化教育始终是必不可少的条件，只有保持个性，才能进行创新。每位学生由于成长环境、家庭条件、接受教育等不同，其学习能力、学习进度也各不相同，人才培养方案的制定一定要充分考虑学生的个性化差异，尊重学生，调动学生的主观能动性，从学生的角度出发，只有这样才能真正激发学生的潜能。为此，高等院校应当打破传统的教学制度，基于学生的自主权制定人才培养方案，从选课到学分制度都充分考虑学生的个性化需求。

学校在制定人才培养方案时，要遵循的原则是注重实践活动原则。学生创新能力的提高离不开实践活动，实践活动一般包括课内的实践活动和课外的实践活动两种。通过实践活动，一方面，可以对学生的创造性进行极大的激发，帮助学生发展创新型人格；另一方面，可以对学生的创新成果进行有效的检验。高等院校只有密切保持与企业的联系，发挥自身的长处和特色，积极利用社团活动、科技竞赛等活动对学生的发明和创造成果进行检验，促进学生的创新意识向创新产品的转化，提高创新的经济效益和社会效益，真正让课外的实践活动成为提高学生实践能力和创新创造能力的平台和载体。

学校在制定人才培养方案时，最后要遵循学生自主学习原则。因为自主学习是不断提高学生创新创造能力的基础，学生只有通过自主学习才能养成自主创新精神、自主创新意识。例如，学校可以建立完善的网络教学平台，实现所有的教学内容的数字化，以线上弥补线下缺漏、以线下作为线上检验，通过线上线下双重渠道保障学生的学习效果。这样一来，学生就可以在任意时间进行自主学习，也可以利用互联网做作业和疑问解答。这种方式可以为学生创造一个良好的学习条件，让学生逐步树立起自主学习的理念，掌握自主学习的方法和自主学习的能力。在自主学习的基础上，学校还要以自主创业为目标，让学生在学习的过程中进行创新创业。

3. 营造教育环境

高等院校在培养创新型人才的过程中还需要为学生营造良好的创新创业环境。19世纪后半期到20世纪初，环境决定论盛行，这一理论的代表人物是美国心理学家、行为主义心理学的创始人约翰·华生。环境决定论者重视教育和环境对儿童心理发展的作用，但是他们片面地强调和机械地看待环境或教育的作用，认为儿童心理的发展完全是由环境决定的。尽管这一理论存在局限性，片面夸大环境的作用，但确实说明了环境能够对个体发展产生影响。我国大多数学生在进入大学之后，对自己的兴趣爱好并不了解，大多数学生都不清楚自己到底喜欢什么、擅长什么，所以学校一定要给学生提供选择和尝试的机会，帮助学生进行职业规划。例如，很多学生在考学的过程中选择了数学课，但是在学习的过程中发现自己对这一专业并没有太大的兴趣，那么他就可以在之后的课程选择中选择一些与数学无关的课程进行学习；反之，如果这位同学在学习的过程中对这一门课程感兴趣，那么在之后的学习过程中，他便可以继续进行与数学相关的课程。因此，学校要尽可能为学生营造相对宽松的学习环境，让学生尽可能在学习的过程中可以学习到自己喜欢的课程，进而不断提高自身的专业能力。综上可知，为了能够为学生营造宽松的学习环境，学校除了可以制定人才培养方案之外，还需要构建专业的网络平台为学生提供比较全面、自由的网络学习课程。

除了学习环境之外，学校还需要为学生营造相对宽松的时间环境。创新教育的开展需要时间保障，如果学生被繁重的学习压力困扰，将无从进行创新活动，创新意识将被遏制。因此，学校要为学生营造一个良好的时间环境，如学校可以鼓励学生积极创办社团，安排专业教师对学生社团进行指导；除此之外，还可以积极鼓励学生参加各种竞赛活动，鼓励学生创办企业等。通过营造宽松的时间环境放松学生的身心，引导学生释放压力，积极创新。

参考文献

[1] 卢苇，蔡圆媛，邢薇薇. 国际化软件人才培养模式改革与创新［J］. 高等工程教育研究，2013（01）：76-83.

[2] 柳丽华，申树欣. 全球化背景下中国高校人才培养对策研究及实践［J］. 山东社会科学，2013（02）：189-192.

[3] 褚洪生，邵佳妮. 浅议我国高校国际化教师队伍建设的措施与效果［J］. 国际商务（对外经济贸易大学学报），2013（02）：113-117.

[4] 徐晓玲. 高等教育国际化与江西高校创新型人才的培养［J］. 江西教育学院学报，2013，34（03）：148-151.

[5] 李国祥，夏国恩. 区域国际化卓越财经人才培养研究与实践创新［J］. 高教研究与实践，2013，32（01）：38-42+72.

[6] 颜黎光. 论我国高等教育国际化与创新人才培养［J］. 中国成人教育，2013（13）：58-60.

[7] 谢仁业. 从外延扩张转向内涵建设——我国高等教育发展方式及发展战略转变的回顾与展望［J］. 教育发展研究，2011，31（01）：10-14.

[8] 北方工业大学举办"教育国际化与创新人才培养"高等教育国际论坛［J］. 北方工业大学学报，2016，28（04）：98.

[9] 李波. 美国高等教育国际化发展与我国高等教育国际化探析［J］. 湖北师范学院学报（哲学社会科学版），2007（03）：137-139.

[10] 朱雪波，王绘建. 我国大学教育国际化发展路径研究［J］. 高等工程教育研究，2014（06）：68-72.

[11] 马占飞，魏春艳，于方. ISEC 创新人才培养模式及其借鉴——以"计

算机科学与技术"专业为例［J］.阴山学刊（自然科学版），2015，29（01）：60-65.

［12］胥莉，张惠琴.国际化背景下人才塑造的创新性认识和发展［J］.黑龙江高教研究，2015（02）：139-141.

［13］刘献君.创新教育理念　推动人才培养模式改革［J］.中国高等教育，2009（01）：18-20.

［14］伊继东.创新人才培养模式的实践与思考——以云南师范大学国际化人才培养模式为例［J］.国家教育行政学院学报，2009（04）：7-9+23.

［15］郑军，李敏.德国高校本科拔尖创新人才培养的措施及启示［J］.山东科技大学学报（社会科学版），2019，21（06）：103-112.

［16］倪晓丹.大学国际化发展的"内在化"路径探索——以汕头大学的国际化实践为例［J］.教育探索，2019（06）：45-50.

［17］苗磊.论高等教育国际化与城市发展的关系［J］.黑河学刊，2020（01）：152-154.

［18］钱宇晴，韦玮.高校财务管理专业创新人才培养模式研究——基于国际化、金融化视角［J］.智库时代，2020（05）：44-45.

［19］王刚，王艺璇."十三五"期间我国关键教育政策问题与对策建议［J］.现代教育管理，2020（03）：36-44.

［20］林健.面向世界培养卓越工程师［J］.高等工程教育研究，2012（02）：1-15.

［21］徐佳.暑期学校项目在提升高校人才培养模式国际性方面的探析［J］.中国校外教育，2012（12）：54-55.

［22］翟研宁.我国农业高等教育国际化的现状及实现策略［J］.高等农业教育，2013（11）：29-31.

［23］叶映芳，郑斯媛.高等教育国际化背景下新建本科院校人才培养模式的研究［J］.北京城市学院学报，2013（06）：1-5.

［24］李明秋.国际化与本土化融合：创新型外语人才培养的研究与实践［J］.东北农业大学学报（社会科学版），2013，11（05）：110-113.

［25］束定芳. 对接国家发展战略　培养国际化人才——新形势下大学英语教学改革与重新定位思考［J］. 外语学刊，2013（06）：90-96.

［26］郭琛晖，李剑亮. 论教育国际化视野下"第二校园经历"与人才培养模式创新［J］. 浙江工业大学学报（社会科学版），2013，12（04）：426-431.

［27］侯俊平，张春河. 教育国际化与高水平大学建设［J］. 国家教育行政学院学报，2003（01）：72-74.

［28］刘振天. 提高质量：21世纪高等教育改革与发展的主旋律——99中国南京"大学教育思想国际研讨会"综述［J］. 高等教育研究，2000（01）：62-65.

［29］姚聪莉，任保平. 国外高校创新人才的培养及对中国的启示［J］. 中国大学教学，2008（09）：91-94.

［30］陈昌贵，翁丽霞. 高等教育国际化与创新人才培养［J］. 高等教育研究，2008（06）：77-82.

［31］伍宸，宋永华. 改革开放40年来我国高等教育国际化发展的变迁与展望［J］. 中国高教研究，2018（12）：53-58.

［32］刘楠，高汝林，吕海侠. 高等职业教育国际化课程建设途径探索［J］. 工业技术与职业教育，2019，17（01）：28-30.

［33］沈健. 高等教育强省建设的理念与实践［J］. 江苏高教，2011（01）：1-4.

结　　语

　　高等教育国际化对我国高等教育的发展具有重要意义，是推动高等教育改革、塑造新型人才培养模式的重要支撑。本书对高等教育国际化的发展历程进行了介绍，为深入了解它的内涵、发展动因、特征、趋势等奠定了基础，并结合国内众多学者的研究成果，对高等教育国际化的规律进行了系统总结。从目前情况看，我国的高等教育已经逐渐由精英化向大众化发展，但是依然存在着一些问题，对高等教育水平的提高造成了阻碍。我国大学生数量不断增加，但是高层次人才却呈现匮乏状态。高等教育国际化是与国际接轨、培养更高层次人才的重要途径，要想短期内实现是不现实的。创新型人才是高层次人才中的重要类型，这类人才是国家未来发展的重要动力源。在高等教育国际化背景下思考创新型人才培养应该得到我国各大高校的重视，一方面要积极借鉴先进经验；另一方面则要构建符合我国国情、贴合每所高校发展特征的人才培养模式。两个方面要同时进行，并且要在建设过程中相互融合、相互渗透。在创新人才培养模式的构建中，需要全盘考虑、细致到位，并且要充分体现出"以人为本"理念。只有这样，才能更快推进创新型人才的培养。